세상의 모든 반려인들을 응원합니다.

언제나 행복하개

글·그림 우주스토리

오즈스토리

PROLOGUE

반려동물과 함께 생활하는 반려인의 수가 자그마치 천오백만 명에 달한다고 합니다.
우리나라 사람 100명 중 약 30명 정도가 반려동물과 함께 삶을 나누고 있는 것입니다.

나와 인생을 함께하는 소중한 반려동물,
그들의 마음을 이해하고 그들이 원하는 것을 이뤄주는 것은 얼마나 기쁜 일일까요?

초등학생인 딸아이가 강아지를 키우고 싶다고 졸라댑니다.
여러 웹사이트를 찾아보고 정보를 모아봐도, 반려동물을 키우는 것에 대한 정보가 너무 많아서
오히려 헷갈리기 시작했습니다.
문득 초보 반려인들이 알기 쉽게 접근할 수 있는 지침서가 있으면 얼마나 좋을까 하는 생각이 들었습니다.

디디스토리 '언제나 행복하개'는
처음 반려동물을 만나 모든 것이 어색하고 서툰 초보 반려인들을 위한 '알기 쉬운 안내서'를 목표로 하였습니다.

딸아이가 반려 생활에 대한 정보를 미리 알아보고 생명에 대한 책임감을 키우기를 바라는 마음으로 시작하여,
애교 많은 똥냥이 '이글이'의 누나가 반려 생활에서 궁금했던 점들을 모아
반려견 전문가들의 감수를 거쳐 글로 풀어내었고,
귀엽고 새침한 반려견 '보리'의 언니, 먹보 돼냥이 '두부'의 누나가 아름다운 그림으로 펼쳐내었습니다.

사람도 저마다의 개성과 특징이 있듯이 반려견도 제각각의 특성이 있습니다.
따라서 이 책에 담아낸 모든 것이 정답이라고 할 수는 없을 것입니다.
하지만 지금 책을 읽고 있는 예비 반려인과 초보 반려인에게 도움이 되고
반려인과 반려견이 '언제나 행복하게' 지낼 수 있는 가이드가 되었으면 하는 바람입니다.

그리고 반려 생활에 대한 장단점을 미리 알아보는 기회를 통해
무책임한 입양과 파양, 유기가 줄어들 수 있는 아름다운 사회가 되기를 염원합니다.

SPECIAL THANKS TO

디디스토리 캐릭터의 모티브가 되어준
귀염둥이 보리에게 고마움을 전합니다

시즌2
오늘도
행복하냥을 기다려달라옹!

이글
두부

CONTENTS

첫 번째
반려견과 함께할 준비하기

01 반려인의 마음가짐이 중요해요 ·········· 12
- 반려견과 가족이 된다는 것

02 나의 반려 환경은 어떠한가요? ·········· 14

03 나와 잘 맞는 반려견이 궁금해요 ·········· 18
- 크기별 분류에 따른 성향
- 그룹별 분류에 따른 성향

04 건강 상태 확인 사전 체크리스트 ·········· 24
- 강아지를 데려오기 전, 건강 상태 확인하기

두 번째
반려견과 함께 지낼 환경 만들기

01 반려견이 살기 좋은 환경을 만들어요 ·········· 28
- 거실·침실 공간 반려 환경 만들기
- 부엌·욕실 공간 반려 환경 만들기

02 반려견을 양육할 때 필요한 것들 ·········· 32
- 반려견의 보금자리 고르기
- 꼭 필요한 반려견 생활용품
- 천천히 준비해도 되는 반려견 생활용품
- 반려견을 깨끗하고 예쁘게 해 주는 케어용품

세 번째
콩닥콩닥, 반려견과의 첫 만남

01 새로운 가족이 되었어요 ·········· 42
- 이름을 지어주세요
- 인사를 나누어요
- 반려견을 만질 때 주의할 점
- 반려인 행동 체크리스트 / Q&A

02 새로운 환경에 적응해요 ·········· 48
- 반려견의 보금자리 마련해주기
- 반려견의 첫날, 불안함 줄여주기
- 반려인 행동 체크리스트 / Q&A

언제나 행복하개

네 번째
냠냠, 반려견의 먹을거리

01 맛있는 밥을 먹어요 ········ 56
- 반려견 사료의 종류
- 반려견에게 사료를 급여하는 방법
- 반려견을 위한 좋은 식사 환경 만들어 주기
- 반려견에게 꼭 필요한 물 마시기
- 반려견의 기호식품, 간식의 종류
- 반려견이 먹으면 안 되는 것
- 반려견의 비만도 체크하기
- 반려인 행동 체크리스트 / Q&A

02 건강을 위해 영양도 챙겨요 ········ 68
- 증상별 추천 영양제
- 반려인 행동 체크리스트 / Q&A

다섯 번째
알콩달콩, 반려견과 함께 생활하기

01 반려견에게 제일 중요한 훈련, 배변하기 ········ 76
- 배변판과 배변 패드
- 배변 훈련하기
- 변 상태로 반려견 건강 확인하기
- 반려인 행동 체크리스트 / Q&A

02 반짝반짝 깨끗하게, 반려견 케어를 해요 ········ 86
- 목욕하기
- 항문낭 관리하기
- 귀 청소하기
- 치아와 잇몸 관리하기
- 발톱 잘라주기
- 털 관리하기
- 반려인 행동 체크리스트 / Q&A

여섯 번째
종알종알, 반려견과 소통하기

01 반려견의 마음을 알고 싶어요 ········ 98
- 표정으로 알아보기
- 행동으로 알아보기
- 울음소리로 알아보기

CONTENTS

여섯 번째
종알종알,
반려견과 소통하기

02 반려견이 이상한 행동을 해요 · 102
- 끊임없이 짖어요
- 자꾸 공격성을 보여요
- 겁이 너무 많고 소심해요
- 식탐이 강해요
- 밥을 잘 먹지 않아요
- 배설물을 먹어요
- 물건을 물어뜯어요
- 집 안 곳곳에 소변 실수를 해요
- 반려인이나 물건에 집착을 해요
- 분리 불안 증상이 있어요
- 반려인 행동 체크리스트 / Q&A

03 반려견과 함께 놀아요 · 112
- 실내에서 함께 놀아요
- 실외에서 함께 놀아요
- 반려견의 장난감
- 반려인 행동 체크리스트 / Q&A

일곱 번째
룰루랄라,
반려견과 산책하기

01 산책은 언제나 즐거워요 · 124
- 산책할 때 필요한 준비물
- 이상적인 산책 시간
- 산책하기 좋은 곳
- 반려인 행동 체크리스트 / Q&A

02 펫티켓을 지켜요 · 127
- 반려인 행동 체크리스트 / Q&A

03 새로운 친구를 만나요 · 132
- 다른 반려견을 만났을 때
- 낯선 사람을 만났을 때
- 반려인 행동 체크리스트 / Q&A

04 산책 후 관리도 중요해요 134
- 반려견의 발 확인하기
- 반려견의 털 빗겨주기
- 수분 보충하기
- 반려인 행동 체크리스트 / Q&A

여덟 번째

**삐뽀삐뽀,
반려견의 건강 관리**

01 반려견의 건강을 체크해요 140
- 간단하게 반려견 건강 진단 해 보기
- 반려견 얼굴과 몸 상태로 건강 이상 체크하기
- 반려견의 행동으로 건강 이상 체크하기
- 반려견 주요 이상 증상으로 알아보는 예상 질병

02 동물병원에 방문해요 148
- 반려견에게 잘 맞는 좋은 동물병원 찾기
- 반려견의 예방접종
- 반려견의 건강검진

03 반려견에게 발생하는 주요 질병 152
- 눈 관련 질병
- 귀 관련 질병
- 구강 관련 질병
- 피부 관련 질병
- 다리, 관절 관련 질병
- 심장 관련 질병
- 호르몬 관련 질병
- 신경계 관련 질병
- 암

04 위험한 상황에 필요한 응급처치법 166
- 반려견용 구급상자 준비하기
- 상황별 응급처치 방법
- 반려견 응급 상황 시 체크할 점

부록 : 다양한 반려견에 대해 알아보아요 174

CHARACTERS

디디 DIDI

세상 모든 것에 호기심이 많은 '디디'는 천방지축 사고뭉치 재간둥이예요!
유기되었던 아픈 기억이 있는 믹스견이다보니,
처음에는 사람들을 많이 무서워했어요.
하지만 사랑으로 돌보아 준 반려인 덕분에 지금은 밝은 모습을 되찾았답니다.
맛있는 간식이나 좋아하는 장난감을 주면 귀가 쫑긋해져요.

차차 CHACHA

멋스러운 은빛 털을 뽐내는 '차차'는 꾸미는 것을 좋아하는 패셔니스타예요!
반려인과 함께 외출할 때면 여기저기서 차차를 쳐다본답니다.
당당하고 도도한 이미지와는 달리, 부드럽고 사려 깊은 성격을 가지고 있어요.
친구들이 고민이 있거나 힘든 일이 있으면,
모두 차차에게 달려가서 이야기를 나누어요.

언제나 행복하개

코크 COK

활발한 성격을 가진 코크는 스포츠맨십으로 똘똘 뭉친 만능 재주꾼이에요!
늘 에너지가 넘쳐서 반려인과 함께 산책하고 운동하는 것을 즐긴답니다.
밥 먹는 것도, 간식을 먹는 것도 아주 좋아하지만,
제일 좋아하는 건 반려인과 친구들이에요.
언제 어디서나 친구들을 든든하게 지켜주는 젠틀맨이랍니다.

토토 TOTO

귀여운 외모와 작은 체구만 보고 토토를 무시하면 큰일 날 수 있어요!
작지만 야무지고 용맹해서 카리스마가 뿜뿜! 넘치는 강아지랍니다.
씻는 것을 엄청나게 싫어해서 목욕할 때마다
반려인과 토토의 쫓고 쫓기는 전쟁이 벌어진답니다.
그리고 이건 진짜 비밀인데, 사실 토토는 자기가 사자라고 생각한대요.

첫 번째

반려견과 함께할
준비하기

반려인의 마음가짐이 중요해요

🐾 반려견과 가족이 된다는 것

'반려'의 뜻을 알고 계신가요?

바로 '인생을 함께한다'라는 뜻입니다.

'반려동물'은 이러한 뜻을 가진 '반려(伴侶)'의 목적으로 기르는 동물을 의미합니다.
따라서 좋아하여 가까이 두고 귀여워하며 기르는 동물이기도 하지만, 더 넓게 보면 반려인과 삶을 함께하는 친구 같은 존재라고 할 수 있습니다.

반려동물에는 수많은 종류가 있습니다. 그중에서도 사람들과 가장 친숙하고 가까이에서 자주 만나볼 수 있는 동물이 바로 개입니다. 개는 반려동물 중에서도 반려인을 가장 잘 따르고 교감하며, 반려인과 함께 할 때 크나큰 행복을 느끼는 동물입니다.

첫 번째

그렇다면 이렇게 사랑스러운 반려견을 가족으로 맞이하여 반려인으로 함께 살아가고자 할 때, 가장 중요한 것은 무엇일까요?

바로 반려인 자신의 마음가짐과 책임감입니다.

반려견의 수명은 대략 10년에서 15년 정도로 반려인보다 훨씬 짧습니다. 가족이 된 반려견은 이 짧은 평생을 오직 반려인을 바라보며 지내게 됩니다. 따라서 반려견을 맞이하기 전, 앞으로 15년 정도의 미래 계획 안에 반려견과의 생활을 꼭 포함하여야 합니다. 반려견을 가족으로 맞이한다는 것은 아이를 키우는 것과 다르지 않습니다. 하나의 생명을 평생 보살펴야 한다는 책임감과 의무감을 가지고, 사랑과 정성으로 돌보아야 할 것입니다.

반려견과의 생활이 언제나 행복할 수만은 없습니다. 귀엽고 사랑스러운 모습을 보일 때도 있지만, 때로는 미운 짓만 골라서 하기도 하고, 갑자기 병에 걸리거나 다칠 수도 있으며, 이상 행동을 보일 때도 있을 것입니다. 그렇기 때문에 반려견과 가족이 된다는 것은 이러한 생활들도 고려하고, 이해하며 보듬어 나가야 하는 것입니다.

최근에는 반려견을 키우는 것을 그저 쉽게 생각하고
아무런 준비 없이, 혹은 순간적인 감정이나 호기심으로
무책임하게 반려견을 데려왔다가 끝내 갖가지
이유를 대며 파양하거나 유기하는 경우가 많습니다.
하지만 반려견의 관점에서 이러한 행동은 사형 선고와
다를 바가 없습니다.

새로운 가족을 맞이하기 전에 한번 생각해 보세요.

반려인으로서, 그리고 가족으로서 반려견의 평생을 함께할 준비가 되어있나요?
그리고 나의 미래 계획에 반려견의 삶 또한 포함되어 있나요?
제일 먼저 자신의 마음가짐부터 돌아본 후, 신중하게 생각하고 결정하기를 바랍니다.

반려견과 함께할 준비하기

 유기견을 입양하고 싶어요!

- ✓ **국가 동물보호 정보시스템** (http://www.animal.go.kr) : 전국의 보호소 및 동물병원에서 보호 중인 유기 동물 입양 가능
- ✓ **동물자유연대** (http://animals.or.kr) : 홈페이지에서 입양처를 찾고 있는 반려동물들의 정보 확인 후 입양 신청 가능
- ✓ **기타** : 각종 동물보호단체, 유기 동물 입양 커뮤니티, 사설 보호소 등을 통해 입양 가능

나의 반려 환경은 어떠한가요?

첫 번째

반려견과 가족이 되기로 마음을 먹었다면, 무턱대고 데려올 것이 아니라 반려인이 될 나의 환경을 먼저 확인해야 합니다. 단순히 예쁘다, 귀엽다, 혹은 불쌍하다는 순간적인 감정에 휩쓸려 무턱대고 반려견을 데려올 것이 아니라, 나의 현재 상황은 어떠한지 신중하게 고민한 후 결정해야 합니다.

한 생명을 보살피고 책임지는 데에 얼마나 많은 노력이 필요한지 생각해 보고, 나의 주변 환경을 먼저 검토해 보도록 합시다. 반려견을 맞이하기 전, 환경적으로 체크해 보아야 할 요소들은 다음과 같은 항목들이 있습니다.

Q1. 반려견과 충분한 시간을 함께할 수 있나요?

반려견과 가족이 된다는 것은, 나의 삶 속에 반려견이 들어온다는 것입니다. 따라서 나의 시간 중 많은 시간을 할애하여 반려견을 돌보아야 합니다.

반려견은 반려인처럼 모든 것을 알아서 할 수 없습니다. 식사 시간에 밥을 챙겨주어야 하고, 매일 산책을 시켜주어야 하며, 함께 놀아주고, 발톱을 깎고 털 손질도 해 주어야 합니다. 반려인이 건강 관리를 하는 것처럼, 반려견도 주기적으로 건강 관리를 해주어야 하며 아프거나 다쳤을 때 바로 동물병원으로 달려가야 하는 일도 생길 수 있습니다.

또한, 반려견을 데리고 온 초기에는 새 집과 새 가족에 적응을 위한 시간도 필요합니다. 가족 중에 양육을 돕거나 책임질 수 있는 사람이 있다면 괜찮지만, 그렇지 않거나 1인 가구일 경우 이 모든 것을 반려인이 도맡아야 합니다. 특히 반려견은 오랫동안 혼자 있는 것에 스트레스를 많이 느끼고, 제대로 돌보지 않게 되면 배변 문제나 이상 행동으로 이어질 수 있습니다. 따라서 반려견을 맞이하기 전, 충분한 시간을 보낼 수 있는지 꼭 생각해 보아야 합니다.

Q2. 반려견 양육을 위해 비용을 지출할 수 있나요?

반려견을 양육하는 데 비용이 얼마나 들어갈까요?
2021 한국 반려동물보고서(출처: KB금융지주 경영연구소)에 따르면 반려 가구의 월평균 양육비는 14만 원 정도라고 합니다. 이는 평균적인 비용으로 반려견의 견종, 그리고 반려인의 상황에 따라 매우 다를 수 있습니다. 먹을거리인 사료, 간식뿐 아니라 각종 물품 구입, 미용비 등등 생각보다 큰 비용을 지출하게 될 수 있습니다. 그리고 주기적으로 건강 관리를 위한 예방 접종비, 병원 진료비 등도 고려하여야 하며, 반려견이 다쳤거나 아플 때 치료비, 수술비 등 예기치 못한 비용이 들어갈 수도 있습니다. 따라서 이렇게 적지 않은 비용들이 지출된다는 것을 필수적으로 고려해야 합니다.

Q3. 혹시 반려견 알레르기가 있지는 않나요?

미국의 천식·알레르기 재단의 조사에 따르면 약 15-30%의 사람들이 강아지 알레르기를 가지고 있다고 합니다. 대부분의 강아지 알레르기는 비듬, 타액, 소변 등으로 인해 발생하기 때문에 반려견을 데려온 후 갑자기 몸이 간지럽거나 기침이 나는 등의 증상이 생길 경우, 알레르기 증상을 의심해 볼 수 있습니다. 따라서, 반려견을 데려오기 전 본인, 그리고 같이 사는 가족들에게 알레르기가 있는지 검사 등을 통해 확인해 보는 것이 좋습니다. 만약 알레르기가 있다고 하더라도 심하지 않다면 애견 카페 등 강아지를 접할 수 있는 곳에서 반응을 살펴보는 것이 좋습니다.

Q4. 살고있는 거주 환경은 어떠한가요?

반려인의 거주 환경은 기본적인 여건뿐 아니라 반려견의 종류를 선택하는 데 많은 영향을 줄 수 있습니다. 현재 거주하고 있는 곳이 단독주택인지, 아니면 아파트나 빌라 같은 공동주택인지에 따라 가족으로 맞이할 수 있는 반려견의 견종이나 크기가 달라질 수 있습니다. 또한, 본인이나 가족 소유의 집에 거주하면 큰 문제가 없겠지만, 전세나 월세라면 입양 전 집주인의 동의를 받는 것이 좋습니다. 그리고 집 주변에 반려견과 함께 산책할 만한 곳이 있는지도 체크해 보는 것이 좋습니다. 매일 산책을 하여 에너지를 발산할 수 있다면, 반려견의 건강에도 좋고 집 안에서도 더욱 안정적으로 지낼 수 있기 때문입니다.

Q5. 함께 지내고 있는 가족과 반려동물이 있나요?

현재 집에서 가족과 함께 살고 있다면, 반려견을 데려오기 전에 반드시 모두의 동의를 얻어야 합니다. 누군가 반대를 하거나 동의하지 않은 상황이라면 반려견과의 생활을 불편하게 느낄 수 있기 때문입니다. 준비 없이 데려온 반려견의 양육은 가족 구성원 누군가의 스트레스가 될 수 있습니다. 집에 노인이 계시거나, 어린아이가 있는 경우, 그리고 다른 반려동물이 있는 경우에도 관계를 고려하여 입양하여야 합니다.

반려견과 함께할 준비하기

나와 잘 맞는 반려견이 궁금해요

첫 번째

반려견을 새로운 가족으로 맞이하기 전에는 자신의 주변 환경뿐 아니라 평소 활동 패턴이나 성향, 여건도 고려해야 합니다. 그리고 맞이하고자 하는 견종의 좋은 점뿐 아니라 좋지 않은 점까지 파악하여 이를 모두 수용할 수 있어야 합니다. 반려견의 크기나 견종 그룹에 따른 특징적인 고유 성향 등이 반려인의 성향과 잘 맞아야, 반려인뿐 아니라 반려견까지 모두 행복한 생활을 할 수 있기 때문입니다.

예를 들어 소형견이나 토이 그룹의 경우, 작고 애교가 많은 성격으로 반려인이 키우기에 수월할 수 있지만 대형견이나 스포팅·워킹 그룹에 비해 체력이 약하고 연약해서 다치기 쉬울 수 있습니다. 반면에 대형견이나 워킹·허딩 그룹의 경우, 실내 위주의 반려 환경에서는 에너지를 발산할 수 없어 이상 행동이나 문제 행동이 생길 수도 있지만, 활동적인 성향의 반려인이 함께 한다면 같이 실외 활동을 즐기고 훈련하며 즐겁게 지낼 수도 있습니다.

반려견을 맞이하기 전, 나의 성향과 잘 어울리는 품종은 어떤 것일지 가늠해 볼 수 있도록 크기별, 그리고 그룹별로 나타나는 대표적인 특징을 알아보겠습니다.

🐾 크기별 분류에 따른 성향

반려견은 손바닥만 한 크기의 품종부터 반려인의 키를 넘어서는 거대한 크기의 품종까지 다양합니다. 각각의 품종에 따라 성격이 다르기 때문에 단순히 반려견의 크기에 따라 성향을 분류할 수는 없지만, 기본적인 반려견의 관리 부분에서는 어느 정도 비교가 가능하다고 할 수 있습니다. 반려견을 크기에 따라 분류하면 몸무게, 혹은 체고(바닥부터 반려견 어깨뼈까지의 높이)에 따라 크게 3가지로 분류할 수 있습니다.

일반적으로 반려견의 크기가 작을수록 식사량과 배설량이 적으며, 반려견의 사료비, 접종비, 미용비 등 관리 비용이 적게 드는 편입니다. 또한 품종에 따라 다소 차이가 있지만 크기가 큰 반려견들에 비해 활동량이 다소 적은 편으로, 주로 아파트, 빌라 등의 공동주택 거주자에게 적합하다고 할 수 있습니다.

대형견의 경우 소형견에 비해 식사량이나 배설량이 많은 편이고, 관리 비용이 조금 더 발생하게 됩니다. 크기가 큰 반려견일수록 활동적인 성향이 많으므로 훈련과 교육은 필수적이라고 할 수 있습니다. 주거 환경으로는 단독 주택에 거주하거나 집에 마당이 있는 경우 키우기 좋으며, 운동을 즐기거나 활동적인 성향의 반려인에게 적합합니다.

소형견	몸무게 10kg 이하 체고 30cm 이하	말티즈, 시츄, 포메라니안, 치와와, 토이 푸들, 닥스훈트 등
중형견	몸무게 11~25kg 이하 체고 70cm 이하	슈나우저, 웰시코기, 코커스패니얼, 보더콜리, 비글 등
대형견	몸무게 26kg 이상 체고 70cm 이상	리트리버, 셰퍼드, 알래스칸 말라뮤트, 시베리안 허스키, 아프간하운드 등

🐾 그룹별 분류에 따른 성향

전 세계에 수많은 반려견이 있지만, 본래 가지고 있는 고유한 특성에 따라 어떠한 역할을 하는 했는지에 따라 약 6가지 종류로 분류할 수 있습니다. 각 그룹별로 특징이 되는 성격이 있기 때문에, 입양 전에 이러한 부분을 파악해 두면 반려인에게 적합한 견종을 선택하는 데 많은 도움이 될 것입니다. 견종별 그룹을 분류하는 것은 보통 미국 애견협회인 'AKC(American Kennel Club)'의 기준을 활용합니다.

첫 번째

작고 귀여운 반려견들이 모인
토이 그룹 (Toy Group)

> 반려견을 키워본 적이 없는 초보 반려인, 실내 생활이 많은 반려인, 가족 구성원 중 어린이나 노인이 있는 반려인에게 추천해요

대표적인 품종 | 말티즈, 치와와, 토이 푸들, 포메라니안, 시츄 등

토이 그룹은 장난감이나 인형처럼 작고 귀여운 견종들로 구성되어 있습니다. 애정 표현이 적극적이고 애교가 많은 성격을 가지고 있으며, 반려인과 늘 함께하고 싶어 하는 마음이 크기 때문에 반려인을 잘 따르는 편입니다. 다만, 응석이 많을 수 있기 때문에 애정 조절을 적절히 할 필요가 있습니다. 주로 실내에서 키우는 품종으로 초보 반려인들이 키우기에 적당하며, 어린이나 노인과 함께 거주하는 가정이나 실내 생활을 많이 하는 가정에 적합합니다.

땅 파기를 좋아하는 사냥견
테리어 그룹 (Terrier Group)

> 개성이 강한 반려견을 원하는 반려인, 훈련이나 교육을 잘 시킬 수 있는 반려인, 가족 구성원 중 어린이가 없는 반려인에게 추천해요

대표적인 품종 | 슈나우저, 잭 러셀 테리어, 폭스테리어, 불테리어 등

테리어 그룹의 'Terrier'는 'Terra(땅을 파다)'라는 라틴어에서 유래되어 주로 소동물을 사냥하는 역할을 하던 견종들이 속합니다. 땅 파기를 좋아하고, 잘 짖으며, 민첩하고 용맹합니다. 자존심이 강하지만 기본 훈련을 잘 시키면 반려인을 잘 따르는 충직한 성격을 가지고 있습니다. 하지만 폭스테리어와 같은 몇몇 사나운 품종도 있으므로 사회화 및 순종 훈련이 필수적이며, 매일 산책이나 운동 등을 통해 체력을 소진해 주어야 합니다. 사냥견의 특성상 공격성이 있을 수 있으니 주의해야 합니다.

운동량이 많은 사냥견
하운드 그룹 (Hound Group)

> 활동적인 성향의 반려인, 매일 운동이나 산책을 시켜줄 수 있는 반려인, 마당이 있는 환경에서 거주하는 반려인에게 추천해요

대표적인 품종 | 비글, 닥스훈트, 아프간하운드, 그레이하운드, 바셋하운드 등

하운드 그룹은 사냥견의 특성이 있는 그룹입니다. 뛰어난 시각과 후각, 개성이 강한 외모를 가지고 있으며, 점잖은 편으로 사교적인 성격을 가지고 있습니다. 하지만 반려인에게 절대적으로 복종을 하기보다는 본능적으로 독립적인 사고를 하는 수렵견이기 때문의 통제나 훈련에 다소 어려움이 있을 수 있습니다. 운동량이 상당히 많으며, 운동이 부족하게 되면 비만이나 심한 스트레스를 받을 수 있습니다. 따라서 활동적인 성향을 받아줄 수 있거나 마당이 있는 가정에서 키우는 것이 좋습니다.

영리하고 활동적인 수렵견
스포팅 그룹 (Sporting Group)

> 활동적인 성향의 반려인, 매일 운동이나 산책을 시켜줄 수 있는 반려인, 기존에 키우고 있는 반려견에게 가족을 만들어 주고 싶은 반려인에게 추천해요

대표적인 품종 | 코커스패니얼, 리트리버, 포인터, 고든 세터 등

스포팅 그룹은 숲과 들판을 뛰어다니며 조류 사냥을 도와주는 날렵하고 강한 에너지를 가진 수렵견 그룹입니다. 활동적이고 뛰어놀기 좋아하며, 원반이나 막대 던지기, 수영 등의 운동을 즐기기 때문에 운동을 매일 규칙적으로 시켜줄 수 있어야 합니다. 반려인과의 교감이 좋고 영리하여 주로 탐지견이나 시각장애인 보조견으로 활동하기도 합니다. 적극적이고 활동적인 성향의 가정에 어울리며, 대부분의 품종이 밖에서 키우는 개이기 때문에 마당이 있는 가정에서 키우는 것이 좋습니다.

커다란 체구와 강한 힘을 가진
워킹 그룹 (Working Group)

> 기존에 반려견을 키워 본 경험이 있는 반려인, 활동적인 성향의 반려인, 마당이 있는 환경에서 거주하는 반려인에게 추선해요

대표적인 품종 | 시베리안 허스키, 알래스칸 말라뮤트, 도베르만, 사모예드 등

워킹 그룹은 이름 그대로 주로 일을 돕는 역할을 하는 그룹입니다. 무언가를 지키거나 구조 활동 등에 투입되는 경우가 많아 경찰견, 인명구조견, 경비견 등 여러 방면에서 활약하고 있습니다. 독립심과 의지가 강하고 힘이 세며 끈기와 참을성이 있습니다. 주로 중대형견 이상이 많으며, 늑대의 습성이 가장 많이 남아있는 품종으로 통제를 위하여 전문적인 훈련이 필요한 그룹입니다. 따라서 초보 반려인이 키우기에는 조금 어려움이 있을 수 있으며, 마당이 있는 가정에서 키우는 것이 좋습니다.

가축을 돌보던 목양견
허딩 그룹 (Herding Group)

> 매일 운동이나 산책을 시켜줄 수 있는 반려인, 훈련이나 교육을 잘 시킬 수 있는 반려인, 가족 구성원 중에 어린아이가 없는 반려인에게 추천해요

대표적인 품종 | 보더콜리, 셔틀랜드 쉽독, 웰시코기, 셰퍼드 등

허딩 그룹은 '목양견'이라고 불리며 소, 양 등의 가축을 지키고 이동시키는 일을 하는 그룹입니다. 다재다능하고 영리하기 때문에 마약 탐지견이나 구조견으로 활동하는 경우가 많습니다. 독립적인 성격을 가지고 있으며, 민첩하고 튼튼한 체구에 매우 활동적이기 때문에 많은 운동과 훈련이 필요한 그룹입니다. 가축을 몰던 경향이 있어서 작은 동물이나 어린아이에게는 다소 공격적인 성향을 보일 수도 있습니다.

반려견과 함께할 준비하기

첫 번 째

건강 상태 확인 사전 체크리스트

반려견을 데려오기 전, 건강 상태도 체크를 해 보아야 합니다.
다음의 내용들을 꼼꼼하게 확인해 보고, 해당하는 내용이 있다면
건강하지 못하다는 신호일 수 있습니다.
특히 3개월 이하 어린 강아지의 경우 전염병이나 질병에 취약할 수 있어
사전에 건강을 체크하는 것이 필수입니다.

🐾 강아지를 데려오기 전, 건강 상태 확인하기

✓ 귀에서 냄새가 나거나 분비물이 나오나요?
귀에서 냄새가 심하게 나는 경우
세균, 진드기 등에 감염되었을 수 있습니다.
분비물이 나오는지 확인하고,
귀 주변을 주물렀을 때 아파하는지
확인해 보세요.

✓ 코가 말라 있거나 콧물이 나나요?
코가 말라 있으면 열이 있거나
컨디션이 좋지 않다는 신호입니다.
누런 콧물이 보인다면,
홍역·감기 등의 바이러스성 전염병에
걸렸을 확률이 높습니다.

✓ 가슴을 만졌을 때 이상한 떨림이 느껴지나요?
가슴에 손을 올려놓았을 때
쿵- 쿵- 하는 심장박동 소리가 아니라
이상한 떨림이 느껴진다면
심장 혈관에 문제가 있을 수 있습니다.

✓ 똑바로 걸을 수 있나요?
걸을 때 제대로 걷지 못하고 비틀거리거나
다리가 벌어지며 미끄러지는 경우,
신경계 쪽에 문제가 있을 수 있습니다.

✓ 털과 피부는 깨끗한가요?
털의 상태, 양과 모질 및
피부의 상태가 청결하고 건강한지
확인해 보세요.
탈모나 각질, 발적 등이 있다면
피부 질환이 있을 수도 있습니다.

✓ 눈에 눈곱이 있거나 충혈되어 있나요?
어린 강아지의 경우, 눈곱이 누렇게
끼어있거나 눈이 충혈되어 있으면,
홍역·감기 등의 바이러스성 전염병에
걸렸을 수 있습니다.

✓ 뼈가 보일 정도로 말랐나요?
갈비뼈나 척추뼈가 너무 마른 경우,
잘 먹지 못해서일 수도 있지만
종양이나 만성질환 등이 있을 수도
있습니다.

✓ 항문 주위가 깨끗한가요?
항문 주위에 변이 묻어 있는 경우,
장염이나 설사일 가능성이 있습니다.
치료가 필요할 수 있습니다.

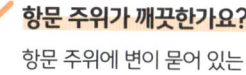

반려견과 함께 할 준비하기

두 번째

반려견과 함께 지낼
환경 만들기

반려견이 살기 좋은 환경을 만들어요

반려견을 데려오기 전, 반려견에게는 안전하고 반려인에게는 불편하지 않은 거주 환경을 마련해야 합니다. 강아지는 대부분 사람보다 작아서 시야와 생활 범위가 아래쪽에 있습니다. 얼핏 보기에는 깨끗하고 안전해 보일 수는 있지만, 바닥에 손을 대고 기어다니면서 확인해 보면 먼지나 전선, 나도 모르게 떨어뜨려 둔 물건 등 반려견에게 위험할 수 있는 것들이 보일 것입니다. 이러한 요소들을 사전에 제거하고 정리하여 생활하기에 안전한 환경을 만들어 주는 것이 좋습니다.

🐾 거실, 침실 공간 반려 환경 만들기

▍실내 공간의 컨디션

반려견과 함께 생활하게 되면 실내 공간의 온·습도도 신경 써야 합니다. 피부질환을 방지하기 위해 여름에는 실내 온도를 20~25도 정도로 유지하고, 너무 습해지지 않도록 해야 하며, 겨울에는 난방 때문에 건조해질 수 있으므로 가습기나 젖은 수건 등을 걸어 두어 습도 유지를 해 주어야 합니다. 계절이 바뀌는 환절기에는 반려인뿐 아니라 반려견도 기침, 콧물, 발열 등의 호흡기 질환이나 설사, 구토 등의 증상이 보일 수 있으므로 특히 조심해야 합니다.

▍출입문, 창문

출입문에는 안전문을 설치하여 반려견이 갑자기 뛰어나가는 일이 없도록 해야 합니다. 발코니 등에도 안전 철망을 설치하여 떨어지는 등 안전사고를 방지하는 것이 좋습니다. 강아지들은 창문 밖으로 지나다니는 사람, 나무가 흔들리는 모습 등에 관심을 가지고 지켜보며 큰 소리가 나면 깜짝 놀라기도 합니다. 평소에 커튼을 쳐 두거나, 하우스나 케이지를 창문에서 떨어진 곳에 놓아주세요.

▍의자, 소파

반려견들은 의자나 소파 같은 높은 곳에서 뛰어내리다가 다리 뼈가 부러지는 경우가 많습니다. 의자나 소파에 올라오지 못하게 하거나 계단이나 경사로를 두어 안전하게 이동하도록 해 주세요.

▍전선류

반려견이 깨물거나 핥다가 감전되지 않도록 전선, 콘센트, 멀티탭 등은 되도록 안 보이는 곳에 두거나 덮개 등을 씌워두는 것이 좋습니다.

▍난방기구

난방기구를 사용할 때는 반려견이 무심코 건드렸다가 화상을 입을 수 있으니, 주변에 안전 펜스를 설치해 주세요. 특히 추운 날씨에는 따뜻한 전기장판 위로 올라오는 경우가 많은데, 저온화상이나 피부 질환 등에 걸릴 수 있으므로 주의가 필요합니다.

바닥

바닥이 너무 미끄럽지는 않은 지 확인해 보세요. 반려견이 생활하기에 너무 미끄러우면 관절이나 슬개골에 무리가 갈 수 있기 때문에, 미끄럼 방지 매트나 러그 카펫 등을 깔아주는 것이 좋습니다. 옷이나 물건이 널려 있다면 반려견이 장난을 치며 물어뜯거나, 자칫하면 삼킬 수도 있기 때문에 치워두어야 합니다.

식물

일부 식물 중 독성이 있어 반려견이 먹으면 호흡 장애, 구토 및 설사 등의 증상을 일으키는 위험한 것들이 있습니다. 반려견의 행동 범위에 닿지 않는 곳에 두어야 하며, 외부에서 산책할 때도 반려견이 가까이 다가가지 못하도록 하는 것이 좋습니다.

 부엌, 욕실 공간 반려 환경 만들기

| 싱크대

맛있는 요리를 하는 싱크대는 후각이 민감한 반려견에게 호기심의 장소가 될 수 있습니다. 하지만 칼이나 가스레인지 등 위험한 물건들이 매우 많아 사고나 화상의 우려가 있기 때문에, 접근하지 못하도록 사전에 훈련해 두는 것이 좋습니다.

| 식탁

식탁 위에 위험한 것이나 먹으면 안 되는 것들을 올려두지 않도록 하고, 음식을 올려두게 되면 뚜껑을 덮어두도록 합니다. 또한, 아래로 뛰어내리다가 발생하는 골절상을 방지하기 위해 식탁 위에는 올라가지 않도록 훈련하는 것이 좋습니다.

| 쓰레기통

후각이 예민한 반려견이 쓰레기통 속 내용물을 뒤져 과자 부스러기나 상한 음식, 뼈 등을 먹거나 꺼내서 갖고 놀 수 있으므로 항상 뚜껑을 덮어두어야 합니다.

| 욕실, 화장실

욕실이나 화장실에서 사용하는 칫솔, 치약, 샴푸, 면도기 등은 반려견에게 닿지 않도록 수납장에 넣거나 높은 곳에 보관하는 것이 좋습니다. 특히 두루마리 화장지는 반려견의 장난감이 될 수 있으니, 눈에 띄지 않는 곳에 보관해야 합니다. 그리고 반려견이 화장실 변기에 빠지거나 물을 먹을 수 있으니, 뚜껑을 항상 닫아두어야 합니다.

반려견을 양육할 때 필요한 것들

반려견을 집으로 데리고 와서 함께 생활할 때, 여러 가지 물품들이 필요합니다. 반려견이 새로운 환경에서 빨리 안정을 찾을 수 있도록 무엇이 필요한지, 어떻게 사용하는 것인지 미리 알아보고 사전에 준비해 두는 것이 좋습니다. 반려견의 생활용품 중에는 꼭 구비해야 하는 필수 용품과 상황을 보고 나중에 준비해도 되는 선택 용품이 있으니, 반려인의 상황이나 환경에 맞게 준비하도록 합니다.

🐾 반려견의 보금자리 고르기

하우스

반려견의 하우스는 휴식을 취하고 잠을 자는 등 자신만의 시간을 보낼 수 있는 특별한 공간이기 때문에, 반려견이 안락하고 편안하게 느낄 수 있어야 합니다. 지붕과 벽이 있는 돔 형태의 하우스는 외부의 소음을 차단할 수 있어 안정감이 있으며, 플라스틱, 나무, 패브릭 등 다양한 소재로 만들어집니다. 다만, 고정된 형태이기 때문에 반려견의 크기나 몸무게를 고려하여 선택하여야 합니다. 푹신한 방석 형태의 하우스는 이동이 편리하고 관리가 쉬운 편이지만, 사방이 뚫려 있어 예민한 강아지는 다소 스트레스를 받을 수 있습니다. 일반적으로 두 가지 종류를 함께 사용하는 것이 좋습니다.

이동장

반려견과 이동 시에는 품에 안고 이동하는 것 보다 이동장에 넣어 이동하는 것이 안전합니다. 반려견이 갑자기 뛰쳐나가는 사고를 방지할 수 있기 때문입니다. 이동장은 사방이 막혀 있어 주로 반려견과 함께 외출 시 사용하며, 반려견이 흥분하거나 불안해할 때도 활용할 수 있습니다. 평소에 반려견이 좋아하는 담요나 장난감, 간식 등을 이동장 안에 넣어 훈련하는 방법을 통해, 공간에 익숙해지도록 해 주는 것이 좋습니다. 이동장을 고를 때는 통풍이 잘되 는지 확인하고, 반려견 크기의 약 1.5배 정도 되는 크기로 고르는 것이 좋습니다.

🐾 꼭 필요한 반려견 생활용품

▍밥그릇, 물그릇

반려견용 그릇은 밥그릇과 물그릇으로 용도를 나누어 준비하는 것이 좋습니다. 플라스틱, 스테인리스, 목재, 세라믹 등 다양한 소재가 있는데, 너무 가볍거나 잘 미끄러지지 않는 것으로 고르도록 합니다. 그릇의 크기와 모양은 반려견의 크기와 식사량에 따라 적당한 것으로 골라주면 되고, 물그릇은 밥그릇보다 2~4배 정도 큰 것으로 준비합니다. 밥그릇과 물그릇을 놓아 줄 때 반려견의 크기에 비해 너무 낮은 곳에 놓아두면 사료나 물이 식도로 올라와 구토할 수도 있으니, 각도와 높이에 주의해 주세요.

▍사료, 간식

반려견을 입양해 오는 경우, 바로 사료를 바꾸는 것은 좋지 않습니다. 구토나 설사, 알레르기 등이 증상이 생길 수 있기 때문입니다. 처음에는 먹이던 사료를 조금 받아오거나, 기존에 먹던 브랜드의 사료를 준비해 두도록 합니다. 반려견이 새로운 환경에 어느 정도 적응하고 난 이후, 바꾸고 싶은 브랜드의 사료를 맛보게 하여 기호성을 확인한 후 조금씩 바꾸어 가는 것이 반려견의 적응에 도움이 됩니다.

사료는 반려견의 성장과 건강 관리를 위해 연령대에 맞는 영양소와 열량으로 구성되었는지 확인하여 준비하도록 하고, 이 외에도 개껌, 저키, 비스킷 등 다양한 종류의 간식 중 반려견의 기호와 식성에 맞는 것을 함께 준비해두면 좋습니다.

▍배변판, 배변 패드

반려견은 자신의 영역에 대한 인식이 강하기 때문에 특정 장소를 배변 활동을 하는 곳이라고 인식하게 되면, 그곳에 계속해서 배변 활동을 합니다. 그래서 반려견을 데려오자마자 배변판이나 배변 패드에서 배변 활동을 할 수 있도록 사전에 준비해 두어야 합니다. 따로 치우거나 닦을 필요가 없어 관리가 편리한 배변 패드를 사용하는 것이 좋지만, 반려견이 패드를 물고 뜯는다면 배변판 하단에 배변 패드를 끼워서 사용하는 것이 좋습니다.

안전문 (이중문)

안전문(이중문)은 반려동물을 키우는 집에 필수적으로 갖추어야 할 요소입니다. 현관문이 열리거나 닫힐 때 반려견이 갑자기 뛰쳐나가는 일이 없도록, 현관문 안쪽에 안전문을 설치하여 보호해 주어야 합니다.

목줄, 가슴줄

반려견과 함께 외출이나 산책할 때 필수적인 용품입니다. 가장 일반적인 것은 목에 하는 목줄로, 패브릭, 가죽, 스테인리스 등 다양한 재질의 상품이 출시되어 있습니다. 반려견의 연령이나 신체 조건에 적합한 것으로 고르도록 합니다. 반려견이 어리거나 작은 경우에는 가슴을 감싸는 형태의 가슴줄을 사용하는 것이 좋습니다. 다만 반려견이 성장기일 경우, 골격을 너무 압박하지 않도록 주의하여 착용하여야 합니다.

입마개 (맹견인 경우)

공격성이 있어 다른 반려동물, 혹은 사람을 물 수도 있는 반려견의 경우 입마개가 필수입니다. 맹견, 대형견은 공공장소에서 산책 시 사전에 훈련하여 입마개를 꼭 착용하도록 합니다. 그 외에 반려견이 치료를 받고 있는 경우나 질병 등으로 인해 식사를 제한해야 하는 경우에도 입마개를 사용할 수 있습니다.

인식표와 마이크로칩

반려견의 이름, 반려인의 연락처 등의 정보를 목걸이형 인식표에 기록하여 반려견에게 착용시켜 주거나, 동물 등록을 대행으로 해 주는 동물병원에서 몸속에 반려견 식별번호 정보가 담긴 작은 마이크로칩(전자인식표)을 주사 방식으로 심어두도록 합니다. 이러한 인식표는 반려견을 잃어버리는 상황이 생겼을 때, 더욱 빠르게 반려견을 찾을 수 있는 단서가 될 수 있습니다.

🐾 천천히 준비해도 되는 반려견 생활용품

▮ 울타리

반려견이 불안해하거나 안정이 필요한 경우, 울타리로 공간을 만들어 주는 것이 좋습니다. 그리고 반려인의 공간과 반려견의 공간을 분리해야 하는 경우에도 사용합니다. 울타리의 소재나 모양은 아주 다양하며, 설치하는 방식은 펜스 형태로 벽과 벽 사이 등에 설치하거나 울타리 자체로 공간을 만들어 반려견을 안에 넣어두는 방식 등이 있습니다. 반려견이 거주 환경에 적응을 마치고 안정감을 느끼게 되었다면, 울타리 없이 지낼 수 있게 해 주세요.

▮ 바닥 매트

일반적인 집 안의 바닥은 대부분 반려견이 생활하기에 다소 미끄러워, 관절 및 다리 건강에 좋지 않을 수 있습니다. 반려견이 자주 다니는 곳에는 바닥 매트를 깔아두어 미끄러지거나 넘어지지 않도록 해주는 것이 좋습니다.

▮ 리드 줄 (산책 시 사용)

리드줄은 목줄이나 가슴줄에 연결하는 용도로 사용하는 줄입니다. 주로 산책을 할 때 사용하기 때문에, 길이는 약 1~2m 정도가 적당합니다.

▮ 영양제

사료만으로 모든 영양소를 충족시키기 어렵습니다. 따라서 반려견의 상태나 품종 특성, 연령대, 질환 등을 고려하여 필요한 영양제를 구비해 두면 건강 관리에 도움을 줄 수 있습니다. 관절 영양제, 피부 및 털 관련 영양제, 눈 영양제, 장 영양제 등 여러 가지 제품들이 출시되어 있으며, 제형 또한 파우더, 알약, 액상 등 다양합니다. 다만, 치료제가 아닌 보조제이기 때문에 이것저것 많이 먹이기보다는, 반려견의 상태에 따라 필요한 부분들을 보완해 주세요.

장난감

반려견은 물고, 당기고, 쫓는 것을 좋아하기 때문에 이러한 본능을 충족시켜 줄 수 있는 장난감을 구비해 두면 좋습니다. 반려견용 장난감은 소재와 형태가 아주 다양합니다. 누르거나 굴리면 소리가 나거나, 간식을 넣어 후각을 자극할 수 있는 방식도 있습니다. 이러한 다양한 장난감을 가지고 놀게 하며 흥미와 관심을 끌어주면, 반려견의 스트레스 해소뿐 아니라 이상행동, 정서장애 등에도 도움을 줄 수 있습니다. 하지만 너무 장난감에만 의존하여 놀아주다 보면 집착이 생길 수 있으니 주의해 주세요.

탈취제

반려견이 정해진 곳이 아닌 다른 곳에 배변 실수를 했다면, 탈취제를 뿌려 냄새와 흔적을 지워주어야 합니다. 냄새가 그대로 남아있는 경우, 후각이 예민한 반려견이 배변 장소를 구분하기 어려워할 수 있기 때문입니다. 일반적으로 사람들이 사용하는 향기로운 방향제 대신 반려견의 암모니아 냄새를 분해해 주고, 강아지의 후각에 안전한 전용 탈취제를 사용하도록 합니다.

🐾 반려견을 깨끗하고 예쁘게 해 주는 케어 용품

샴푸

샴푸는 반려견을 목욕시킬 때 필요한 용품입니다. 사람이 사용하는 샴푸는 반려견에게 자극적이기 때문에 피부염 증상이 생길 수 있어 사용해서는 안 되며, 반드시 반려견의 색상이나 털 종류, 피부 상태에 적합한 반려견 전용 샴푸를 사용하도록 합니다. 털이 짧은 강아지의 경우 샴푸만 써도 무방하지만, 털이 긴 강아지의 경우 털의 엉킴을 방지하기 위해 샴푸와 린스를 함께 사용하는 것이 좋습니다.

보습제

반려견의 목욕 후에 각질이나 피부가 일어나 보습이 필요한 경우, 보습제를 사용하여 진정시켜 주세요. 목욕을 하지 않는 날에도 반려견 전용 보습제를 사용하여, 털이 아닌 피부에 바르거나 뿌려주면 위생뿐 아니라 피부 상태 관리에도 도움이 됩니다. 또한, 산책을 자주 하는 경우 매일 발바닥을 닦아주어야 하므로 전용 보습제를 사용하여 관리하여 주는 것이 좋습니다.

귀 세정제

반려견 목욕이 끝난 후에, 귀 세정제를 사용하여 깨끗이 닦아주면 질병 예방에 좋습니다. 특히 귀가 덮여 있는 견종의 경우 귓병이 생길 가능성이 높기 때문에 더욱 신경을 써주어야 합니다.

치약, 칫솔

반려견도 사람처럼 양치를 해야 치석과 치주질환을 예방할 수 있습니다. 칫솔은 유아용 칫솔이나 반려동물용 칫솔 중 작고 부드러운 것을 사용하면 됩니다. 다만, 치약은 절대 사람용을 사용해서는 안 되고, 반드시 반려견 전용 치약을 사용하여야 합니다. 성분은 다양하지만, 대부분의 반려견 전용 치약들은 양치를 다 하고 뱉지 않고 먹는 형태로 되어 있습니다. 반려견의 기호를 확인하여 잘 맞는 치약을 찾아주세요.

털 관리용 브러시

반려견의 털이 짧은 경우에는 자극이 적은 장갑형 브러시나 실리콘 재질의 브러시로 피부 마사지 겸 빗질을 해주는 것이 좋습니다. 반려견의 털이 긴 경우에는 금속 재질의 슬리커 브러시, 콤 브러시 등을 사용하여 엉킨 털을 풀어주고, 속 털도 제거해 주도록 합니다.

발톱깎이

반려견이 산책을 많이 하는 경우에는 발톱이 땅에 긁혀 어느 정도 마모가 되기 때문에 굳이 깎아주지 않아도 됩니다. 하지만 주로 실내에서 생활하는 경우에는 부러지거나 걷는 데 불편함을 느낄 수 있기 때문에, 반려동물용 발톱깎이를 준비해 두는 것이 좋습니다.

세 번째

콩닥콩닥,
반려견과의 첫 만남

새로운 가족이 되었어요

세 번째

나와, 그리고 우리 가족과 잘 지낼 수 있는 반려견을 찾았나요?
그리고 반려견을 맞이하기 위한 마음가짐도, 반려 환경도 모두 준비가 되었나요?
그렇다면 이제 반려견을 데려오는 일만 남았습니다.

간절히 기다리던 반려견을 처음 만나는 날! 반려인과 가족들은 반가운 마음에 반려견을 안아보고 토닥여 주고 싶은 마음이겠지만, 반려견은 처음 만나는 낯선 환경이 두렵고 불안할 것입니다. 그러므로 반려견이 이 새로운 환경을 탐색하고 적응할 시간이 필요합니다. 반려견과 천천히 인사를 나누고, 안정을 찾을 수 있도록 도와주며 차근차근 반려견과 친해져 보도록 합시다.

🐾 이름을 지어주세요

반려견을 데려왔을 때 먼저 해야 하는 것은 바로 이름을 지어주는 것입니다. 이름을 불러주는 것은 반려인과 반려견이 교감을 나누고 소통하는 가장 첫 번째 과정이기 때문에, 반려견을 데리고 오기 전에 미리 지어 두는 것이 좋습니다..

대부분 반려인들은 반려견이 가지고 있는 고유한 특징(털 색깔, 무늬, 품종 등)을 반영하여 이름을 지어주거나, 예쁘고 좋은 단어를 사용하여 이름을 지어 주기도 합니다. 하지만 반려견의 이름을 지을 때 몇 가지 주의할 점이 있습니다.

먼저, 반려인이 부르기 쉽고 반려견도 알아듣기 쉽게 지어야 합니다. 보통 1-2글자 정도의 이름이 반려견이 알아듣기에 좋습니다. 데려온 반려견이 유기나 파양 등 좋지 않은 기억을 가지고 있다면 기존에 쓰던 이름 대신 새로운 이름을 지어주는 것이 좋습니다. 그리고 함께 지내는 가족이나 반려동물이 있다면 비슷한 이름을 피해서 지어야 반려견의 혼란을 막을 수 있습니다.

반려견의 이름을 정했다면, 반려견에게도 이를 알려주어야 합니다. 반려견이 잘 들을 수 있도록 명확하게 이름을 불러, 반려견이 이름에 반응할 수 있도록 해 주세요. 이름을 불렀을 때 반려인을 바라보거나 다가오는 경우 칭찬과 함께 적절한 간식 등으로 보상을 해 준다면, 반려견은 반려인이 자신의 이름을 부르는 것을 긍정적으로 느끼고, 쉽게 적응할 수 있을 것입니다.

🐾 인사를 나누어요

처음 만난 반려견과 친해지기 위해 인사를 나누어주세요. 반려견 근처에서 몸을 낮추고 조용히 이름을 부르면서 어떻게 반응하는지 확인해 보세요. 만약 짖거나 뒤로 물러서는 등 경계한다면 잠시 시간을 두고 지켜보아야 합니다. 조금 더 친해진 뒤에 다시 인사를 나누는 것이 좋습니다.

반려견이 경계하지 않는다면, 손등을 조심스럽게 내밀어 반려인의 냄새를 맡게 해 주세요. 반려견은 후각이 예민하여 다양한 정보들을 후각으로 판단하기 때문에, 냄새를 맡으며 탐색하게 됩니다. 반려견이 냄새를 맡고 다가온다면, 턱 아래나 볼 쪽부터 부드럽게 쓰다듬어 주며 천천히 친해지는 시간을 가지도록 합니다. 처음 인사하는 시간은 약 5분 정도가 적당합니다.

🐾 반려견을 만질 때 주의할 점

반려견과의 적절한 스킨십은 안정을 느낄 수 있게 해 주고, 반려인과의 유대감을 형성할 수 있는 계기가 됩니다. 하지만 그렇다고 해서 아무 곳이나 만지게 되면 반려견이 예민하게 반응할 수 있으니, 주의가 필요합니다. 반려견을 만졌을 때 좋아하는 곳과 싫어하는 곳이 어디인지 미리 살펴보고 스킨십을 해 주는 것이 좋습니다.

😊 만져주면 좋아해요
😠 만지지 마세요

세 번째

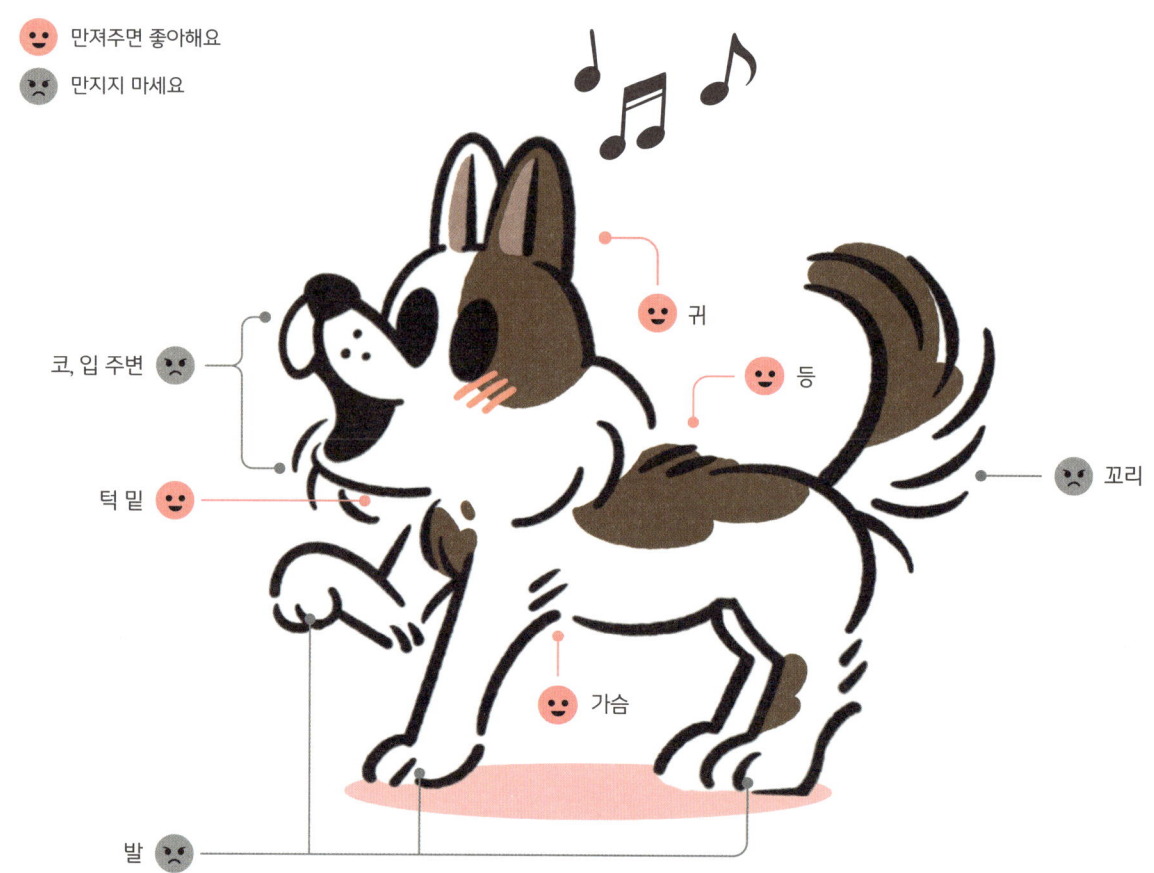

코, 입 주변
귀
등
턱 밑
꼬리
가슴
발

반려인 행동 체크리스트

- ✓ 반려견을 데려올 때 이동장에 넣어 안전하게 데려왔나요?
- ✓ 반려견이 기존에 사용하던 담요, 장난감 등을 함께 가지고 왔나요?
- ✓ 반려견이 집에 도착했을 때, 이동장에서 바로 꺼내지 않고 충분히 시간을 주었나요?
- ✓ 반려견의 이름은 반려인이 부르기 쉽고, 반려견도 알아듣기 쉽도록 지어주었나요?
- ✓ 반려견이 자신의 이름을 부르는 것을 긍정적으로 느끼고 적응할 수 있도록 해 주었나요?

 반려견을 데려왔을 때 먼저 해야 할 일은 무엇인가요?

제일 먼저 해야 할 일은 동물병원에서 건강 상태를 확인하는 것입니다. 다친 곳이나 아픈 곳이 있다면 치료하고, 예방접종이나 구충제 복용에 대한 일정을 잡아야 합니다. 그리고 반려견 양육 관련하여 평소 궁금했던 점들을 수의사에게 직접 물어보면 더욱 도움이 될 것입니다.

 반려동물 등록하기

동물보호법 12조 1항에 의하면, **3개월 이상의 반려견**은 '**동물등록**'을 해야 합니다. '동물등록'이란 반려견에 대한 정보와 반려인의 연락처, 인적 사항 등을 담은 식별번호를 부여하는 것인데요. 반려견을 잃어버렸을 때 쉽게 찾을 수 있도록 도와줍니다.
동물등록은 신청서를 전국 시·군·구청에 제출하면 되는데, '동물보호 관리시스템' 홈페이지에 들어가면 지역별로 동물등록 대행업체로 지정된 동물병원을 확인할 수 있는데, 이곳에 반려견과 함께 방문하여 등록을 진행할 수 있습니다.
반려인의 인적 사항이 변경되거나 반려인이 바뀌는 경우에는 변경 신고를 해야 합니다. 변경 신고의 경우 동물병원에서 진행이 불가능하며 변경되는 내용에 따라 온라인으로 신고가 가능한 경우도 있고, 직접 방문하여 신청서를 접수하는 경우도 있으니, 사전에 확인해 보는 것이 좋습니다.

새로운 환경에 적응해요

반려인과 가족들이 모두 인사를 나누고, 반려견도 불안해하는 모습이 줄어들었다면 반려견이 집 안을 서서히 둘러볼 수 있게 해 주도록 하세요. 곳곳에 사료나 간식을 놓아두면 반려견이 이를 따라 돌아다니며 자연스럽게 새로운 집을 파악하며 냄새를 맡고 적응하게 될 것입니다.

보통 반려견을 데려오고 1-2주 정도는 적응할 수 있는 기간이 필요합니다. 당장 꼬질꼬질하거나 냄새가 난다고, 혹은 예쁘게 해 주고 싶다고 데려온 첫날부터 씻기거나 미용을 하는 경우, 반려견이 스트레스를 받아 건강에 문제가 생길 수 있으니 충분히 적응하고 난 뒤 해 주는 것이 좋습니다.

세 번 째

🐾 반려견의 보금자리 마련해주기

반려견이 새로운 집에서 잘 적응할 수 있도록, 아늑한 보금자리를 마련해주세요. 보금자리를 두는 위치는 사람이 자주 드나드는 문 옆이나 출입구 근처, 큰 소리가 나는 곳, 높은 곳, 그리고 햇볕이 강하게 내리쬐거나 냉방기기 바람이 직접 닿는 곳 등은 가능한 피하도록 합니다. 반려견이 안정을 찾고 쉴 수 있도록, 조용하고 편안한 곳에 보금자리를 준비해 주어야 합니다.

반려견을 데려온 첫날에는 낯선 환경에 많이 불안해하기 때문에, 당장 새 하우스로 데려가기보다는 이동장에 기존에 사용하던 담요나 장난감 등을 넣어주고 하루 정도 안정을 취하게 해 주세요. 이후 어느 정도 적응이 되었을 때 마련한 보금자리로 이동시켜 주는 것이 좋습니다.

🐾 반려견의 첫날, 불안함 줄여주기

새집에서 보내는 첫날 밤, 반려견 대부분이 불안감에 낑낑거리며 울거나 밤새 잠을 자지 못하는 경우가 많습니다. 갑작스럽게 생활 환경이 바뀌는 데서 오는 스트레스 때문입니다.

이때 반려견이 낑낑대거나 보챈다고 바로 안아주거나 달래주게 되면, 반려인의 관심을 끌고 싶을 때마다 습관적으로 울거나 짖을 수 있습니다. 반려인에 대한 의존도가 너무 높아지는 것은 반려견이나 반려인 모두에게 바람직하지 않으니, 행동 하나하나에 일일이 반응하거나 관여하지 말고 스스로 적응할 수 있도록 도와주는 것이 좋습니다.

반려견의 잠자리를 마련해 줄 때, 처음 며칠은 이동장 안에 부드럽고 포근한 담요를 깔아주고, 자신의 냄새가 배어있는 물건이나 장난감을 함께 넣어주면 마음을 안정시키는 데 도움이 됩니다. 만약 어린 반려견이 밤새 낑낑대고 잠을 자지 못한다면 작은 시계를 수건이나 부드러운 천에 싸서 이동장에 함께 넣어주세요. 똑딱똑딱 소리가 어미 개의 심장 소리와 비슷하기 때문에, 불안해하는 반려견에게 안정감을 줄 수 있습니다. 이후에도 며칠, 혹은 2주 정도 반려견이 새집에 잘 적응하고 잠도 푹 잘 수 있도록 신경을 써주어야 합니다.

반려인 행동 체크리스트

✓ 반려견이 새집을 천천히 둘러볼 수 있는 시간을 주었나요?
✓ 반려견을 데려오자마자 씻어주거나 미용을 해 주지는 않았나요?
✓ 반려견의 보금자리는 조용하고 편안한 곳에 마련해 주었나요?
✓ 데려온 첫날 밤, 반려견이 잠을 자지 못하고 낑낑거린다고 바로 안아주거나 달래주지는 않았나요?
✓ 반려견이 집에 잘 적응할 수 있도록 세심하게 관찰하고 보살펴 주었나요?

세 번 째

 기존에 키우고 있는 다른 반려견이 있는데, 새로운 반려견과 어떻게 만나게 해 주는 것이 좋을까요?

다른 반려견을 키우고 있는 상태에서 새로운 반려견을 바로 집으로 데려온다면, 질투를 하여 싸울 수도 있습니다. 기존 반려견에게 익숙한 집보다는 평소에 잘 가지 않는 외부 장소가 좋으며, 이동장이나 울타리를 사이에 두고 만나게 해 주세요. 어느 정도 시간이 흐른 후 함께 산책을 시키면서 적응할 수 있도록 해 준 뒤 새로운 반려견을 데리고 오는 것이 좋습니다.

 반려견이 불안해하는데, 침대에서 같이 재워도 되나요?

반려견과 침대에서 함께 자는 것은 좋은 습관이 아닙니다. 반려견도 자신만의 공간이 있어야 빠르게 적응하고 안정감을 느낄 수 있기 때문입니다. 특히, 반려견이 어린 경우 자다가 자주 깨기도 하고 소변을 보기도 하므로 반려인의 수면에도 영향을 줄 수 있습니다. 가능한 반려견의 집이나 이동장에서 잠을 자게 해 주세요.

콩닥콩닥 반려견과의 첫 만남

네 번째

냠냠, 반려견의 먹을거리

맛있는 밥을 먹어요

이제 반려견의 먹을거리에 대해 알아보겠습니다. 사람이 밥 외에도 다양한 것을 먹듯, 반려견의 먹을거리도 여러 가지가 있는데 크게 나누면 주 식사가 되는 사료와 기호식품인 간식이 있습니다.

다양한 사료, 간식의 종류를 알아보고, 반려견의 연령과 건강 상태에 적합한 사료와 간식을 선택해 보도록 합시다. 올바른 먹거리 선택과 식사는 반려견 건강의 첫걸음입니다.

🐾 반려견 사료의 종류

반려견에게 사료는 일반적인 식사입니다. 시중에 판매되고 있는 사료의 종류는 매우 다양하고, 성분도 가지각색입니다. 주재료에 따라 닭고기, 소고기, 양고기, 연어, 오리고기 등이 있고, 곡물류가 첨가된 것도 있습니다. 수분 함유량에 따른 사료의 형태로도 구분되며, 반려견의 연령대에 따라서도 사료의 종류가 구분됩니다. 이 외에 반려견의 건강 상태에 따라 먹일 수 있는 각종 처방식 사료도 있습니다.

사료를 선택할 때는 주재료와 구성 성분, 그리고 제형과 반려견의 기호성을 파악하여 적합한 것을 고르도록 하고, 연령, 건강 상태 변화에 따라 바꿔주는 것이 좋습니다.

형태별 사료의 종류

반려견의 사료는 제형에 따라 건식 사료, 습식 사료로 구분되며 이 중간 형태인 반습식 사료(소프트 사료)도 있습니다. 형태별로 각각 다른 특징을 가지고 있으므로, 반려견의 기호성, 그리고 건강 상태에 따라 알맞은 사료를 골라서 급여하면 됩니다. 한 가지 형태만 지속해서 주는 것 보다는 건식 사료와 습식 사료를 혼합하여 급여하는 것이 반려견의 수분 섭취나 영양 균형 면에서 조금 더 유리할 수 있습니다.

건식 사료

가장 흔하게 볼 수 있는 건조된 형태의 사료로, 수분이 적기 때문에 유통기한이 길어 관리가 편하고 냄새가 덜 나는 편입니다. 가격대는 비교적 저렴한 편이고, 알갱이가 딱딱하므로 치석이 상대적으로 적게 생겨 치아 관리에 유리합니다. 습식 사료에 비해 포만감이 오래 가지만, 수분 함유량이 적기 때문에 물을 별도로 꼭 챙겨주어야 합니다.

추천하는 반려견 | 대부분의 성견, 치아가 튼튼한 반려견, 씹는 것을 좋아하는 반려견

반습식 사료 (소프트 사료)

건식과 습식의 중간 형태로, 손가락으로 누르면 살짝 말랑말랑한 형태의 사료입니다. 건식 사료에 비해 기호성이 좋으며, 제형이 부드러우므로 치아가 좋지 않거나 소화가 잘 되지 않는 반려견들에게 좋습니다. 반려견을 위한 영양 성분들이 첨가된 사료들도 있습니다. 개봉 후에는 밀봉하여 보관해야 하며, 유통기한이 건식 사료보다 짧습니다.

추천하는 반려견 | 치아가 좋지 않은 반려견, 건조 사료를 잘 먹지 못하는 반려견, 소화 장애가 있는 반려견, 수분 섭취가 부족한 반려견

습식 사료

주로 통조림, 캔이나 파우치 등에 담긴 사료로, 수분 함유량이 많아 섭취 시 수분을 함께 섭취할 수 있습니다. 고기, 생선, 채소 등 여러 가지 재료로 만들어지기 때문에 맛이 다양하고 기호성이 좋으며, 단백질, 지방 등의 함량이 높아 영양 면에서 유리합니다. 하지만 가격이 다소 높으며, 개봉 후 냉장 보관을 해야 하고 유통기한이 짧습니다. 섭취 후 치아에 끼거나 잔여물이 남을 수 있습니다.

추천하는 반려견 | 노령견, 수분 섭취가 부족한 반려견, 치아가 좋지 않은 반려견, 질병 치료 후 회복 중인 반려견

연령별 사료의 종류

반려견의 사료를 연령에 따라 나누면, 보통 어린 강아지용(퍼피), 성견용(어덜트), 노령견용(시니어) 등으로 분류할 수 있습니다. 연령대별로 필요한 영양소나 에너지가 다르기 때문에, 각 단계에 알맞은 사료를 먹이는 것이 좋습니다.

견종에 따라 다소 차이는 있지만, 보통 생후 1년 이전의 반려견은 어린 강아지용(퍼피)으로 나오는 사료를 주는 것이 좋습니다. 퍼피 사료는 성장에 필요한 영양소들을 균형 있게 함유하고 있으며, 단백질과 지방의 함량이 다른 사료들보다 높습니다. 어린 강아지들이 잘 먹을 수 있도록 사료의 크기가 다소 작은 편입니다.

생후 1년이 지나고 몸이 어느 정도 자란 반려견은 성견용(어덜트) 사료를 주도록 합니다. 성견은 어린 강아지에 비해 영양이 많이 필요하지 않기 때문에, 어덜트 사료는 적절한 활동과 체력 유지에 도움을 줄 수 있는 일반적인 영양 성분으로 구성되어 있습니다. 반려견의 연령대가 높아질수록, 움직임도 느려지고 소화 능력도 떨어지게 됩니다. 이러한 노령견들은 씹는 것을 힘들어하는 경우도 있기 때문에, 시니어용 사료는 제형이 다소 부드러운 편입니다. 또한 지방 함량이 적고 탄수화물, 비타민의 함량이 높다는 특징이 있습니다.

🐾 반려견에게 사료를 급여하는 방법

반려견에게 사료를 급여하는 방법은 크게 두 가지가 있습니다. 반려인이 사료를 조절하여 주는 제한 급여 방식과 반려견이 자유롭게 양을 조절하여 먹는 자율 급여 방식입니다.

제한 급여 방식은 반려인이 일정량의 사료를 규칙적인 시간에 반려견에게 급여하는 방식입니다. 반려견의 연령, 체중과 건강 상태에 맞추어 1일 총 급여량을 정하고, 급여 횟수에 따라 1회 급여량을 나누어 주면 됩니다. 반려견에게 식사 시간과 식사량을 인식시킬 수 있고, 식사 때마다 반려견이 얼마나 먹는지 체크하면서 건강 상태를 확인할 수 있다는 장점이 있습니다. 반려견이 어려서 먹는 양을 조절하기 어렵거나, 사료를 잘 먹지 않는 경우, 그리고 비만 때문에 다이어트를 해야 하는 경우에 제한 급여 방식을 활용할 수 있습니다.

자율 급여 방식은 밥그릇에 사료를 채워주고, 반려견이 먹고 싶을 때 스스로 식사를 하게 하는 방식입니다. 먹는 양을 조절할 수 있는 대부분의 성견에게 급여하는 방법으로, 반려견을 두고 외출하거나 때마다 식사를 챙겨주기 어려울 때 활용하면 좋습니다. 하지만 반려인이 매번 확인할 수 없기 때문에, 혈당 조절이 쉽지 않고 식탐이 많은 반려견의 경우 비만이 올 수도 있습니다.

제한 급여 방식과 자율 급여 방식은 각각의 장단점이 명확하기 때문에, 반려견의 성향이나 건강 상태, 그리고 반려인의 생활방식을 고려하여 결정하는 것이 좋습니다.

🐾 반려견을 위한 좋은 식사 환경 만들어 주기

반려견이 최대한 청결한 환경에서 식사하도록 습관을 들여주는 것이 좋습니다. 반려견이 식사를 끝내고 나면, 가능한 한 바로 식기를 정리해 주는 것이 좋습니다. 식기를 바로 정리하지 않으면 남은 음식을 가지고 장난을 치거나, 방치된 음식에 벌레나 먼지가 들어갈 수도 있으므로 위생상 좋지 않습니다. 또한 반려견이 식사하면서 침이 묻어 세균이나 곰팡이가 생길 수도 있기 때문에 주의해야 합니다. 급여한 사료를 다 먹지 않았더라도 반려견이 자리를 떠났다면 배가 부르다는 것이기 때문에 치워주도록 합니다.

🐾 반려견에게 꼭 필요한 물 마시기

반려견에게는 사료를 먹는 것뿐 아니라 수분 섭취도 아주 중요합니다. 수분 섭취가 부족하면, 반려견의 피부나 신장, 심장 등에 영향을 주어 피부 질환이나 요로 결석이 발생할 수도 있습니다. 특히 건식 사료를 주로 먹는 반려견의 경우 반드시 물을 챙겨주어야 합니다. 반려견의 건강 상태나 날씨 등에 따라 달라질 수 있으나 평균적인 1일 물 섭취 권장량은 소형견(10kg 이하)의 경우 몸무게 1kg당 60ml, 중형견(11~25kg)은 몸무게 1kg당 50ml, 대형견(26kg 이상)은 몸무게 1kg당 40ml 이상 섭취하여야 합니다.

물은 깨끗한 생수나 수돗물을 주면 되고, 반려견이 물을 마시고 싶어 할 때 바로 주도록 합니다. 집을 오래 비우게 되는 경우, 자동 급수기 등을 구비하여 반려견이 수분을 계속해서 섭취할 수 있도록 하는 것이 좋습니다.

🐾 반려견의 기호식품, 간식의 종류

반려견용 간식으로는 개껌, 사사미, 저키 등의 육포류, 쿠키, 소시지, 캔, 수제 간식 등 다양한 종류가 있습니다. 간식류는 기호성이 높기 때문에 반려견이 사료를 잘 먹지 않거나, 영양 보충이 필요할 때, 그리고 훈련을 시킬 때 주면 좋습니다. 하지만 사료에 비해 열량이 높기 때문에 너무 자주 주거나 많은 양을 먹게 되면 비만이 되기 쉽고, 잘못된 식습관을 형성할 수 있습니다. 사료를 주식으로 하되, 가끔 기호식품으로 간식을 준다면 영양소 보충과 함께 먹는 즐거움을 줄 수 있을 것입니다.

반려견 간식의 종류

개껌
반려견의 간식 중 가장 대중적인 종류입니다. 개껌은 사료나 다른 음식들에 비해 오래 씹을 수 있도록 만들어져 있어 가성비가 좋은 편이며, 치석 제거와 충치 예방, 스트레스 해소에도 도움이 됩니다. 어린 강아지의 경우 덩어리째 삼켜서 식도에 걸리거나 소화가 되지 않을 수 있기 때문에, 먹는 것을 조절하는 습관을 들인 후 주는 것이 좋습니다.

육포류 (저키, 사사미)
육류를 건조하여 육포나 스틱 형태로 만든 간식입니다. 닭고기, 소고기, 오리고기, 연어 같은 육류나 생선류에 단호박이나 고구마, 토마토 등의 채소를 혼합하는 등 다양한 재료로 만들어집니다. 제형이 단단하기 때문에 반려견의 치아 건강에 도움을 줄 수 있습니다.

비스킷, 쿠키
사람이 먹는 과자류와 비슷하게 곡류와 채소 등의 재료를 섞어 구워내는 간식입니다. 바삭하고 부드러운 식감과 고소한 맛 때문에 기호성이 높은 편입니다. 반려견의 치석 제거 및 잇몸 건강에도 도움을 줄 수 있지만, 지나치게 많이 주면 비만의 원인이 될 수 있습니다.

소시지
육포류보다 말랑말랑하여 치아가 좋지 않은 반려견이나 어린 반려견이 먹기 편한 간식입니다. 임신 중이거나 수유 중인 반려견의 영양 간식으로 급여하면 좋습니다. 다만 잇몸에 쉽게 낄 수 있기 때문에 양치를 잘해 주어야 합니다.

수제 간식
반려견의 건강을 위해 반려인이 직접 간식을 만들어 먹이는 것도 좋습니다. 염분을 뺀 북어, 흰살생선, 쇠고기, 채소나 과일 등을 작게 잘라 식품 건조기에 말리기도 하고, 반려견용 빵이나 주스 등을 만들어 줄 수도 있습니다. 손이 많이 가기는 하지만 반려견의 취향에 맞게 제형을 조절할 수도 있고, 좋아하는 재료를 넣어 만들 수 있다는 것이 장점입니다.

반려견이 먹으면 안 되는 것

반려견은 전용으로 나오는 식품을 먹이는 것이 건강에 좋지만, 가끔 사람이 먹는 음식을 반려견에게 조금씩 주는 경우도 있습니다. 하지만 이 중에는 반려견이 먹으면 위험할 수 있는 음식들이 몇 가지 있습니다. 약하게는 독성 때문에 구토나 설사를 일으키는 정도지만, 자칫하면 생명에 위협을 줄 수도 있는 위험한 것들입니다. 아래 음식들은 반려견에게 절대 주는 일이 없도록 꼭 기억하세요! 혹시 잘못하여 먹었을 시에는 바로 병원에 가서 응급처치를 해야 합니다.

절대 반려견에게 주지 마세요! 먹으면 안 되는 음식들

포도, 건포도
신장과 위장에 좋지 않기 때문에 구토, 설사, 탈수와 신부전증을 일으킬 수 있습니다. 포도 껍질은 장 폐색을 유발할 수도 있습니다.

양파, 마늘, 파
양파나 마늘을 먹게 되면 적혈구가 파괴되어 빈혈을 유발할 수 있습니다. 파, 쪽파 등도 복통, 구토 등의 증상을 일으킬 수 있습니다.

초콜릿 및 카페인류
초콜릿에 들어있는 테오브로민, 그리고 카페인 성분 때문에 경련, 흥분, 구토, 설사, 발작 등의 증상이 나타날 수 있습니다.

우유 및 유제품
반려견은 유당 분해 효소가 잘 나오지 않기 때문에, 우유나 유제품을 섭취하게 되면 설사, 구토 등의 위장 장애를 일으킬 수 있습니다.

날고기
날고기는 미생물이나 세균 감염의 우려가 있기 때문에 식중독 증상이 나타날 수 있습니다

뼈
반려견이 씹었을 때 조각이 날카로워 장기를 찔릴 수 있으며, 치아도 손상될 수 있습니다. 소화가 잘되지 않아 장 폐색 증상을 보일 수도 있습니다.

과일류
위장에 무리를 줄 수 있어 위염, 설사 등을 일으킬 수 있습니다. 커다란 씨는 장 폐색을 일으킬 수 있고, 특히 사과 씨에는 독성이 있어 주의해야 합니다.

자일리톨
자일리톨은 인슐린 분비를 촉진하여 저혈당 증상이 나타날 수 있으며, 간에 손상을 줄 수 있습니다. 심할 경우 발작을 일으킬 수도 있습니다.

아보카도

아보카도는 잎, 씨앗, 껍질에 독성 물질이 들어있어 소화기 장애로 인한 복통이나 호흡 곤란 등의 증상을 일으킬 수 있습니다. 과육에도 독성이 약간 들어있기 때문에 반려견이 먹어서는 안 됩니다.

견과류

견과류는 소화가 잘되지 않아 변으로 그대로 배출되기도 하고, 신부전 등의 중독을 일으킬 수 있습니다. 특히 마카다미아는 구토나 발열, 심박수 증가, 근경련 등이 일어날 수 있으므로 주의해야 합니다.

소금

반려견용 사료에 함유된 나트륨의 권장치와 사람이 먹는 음식의 나트륨 함유량은 크게 차이가 납니다. 이 때문에 신부전, 고혈압 등을 일으킬 수 있으므로 염분이 있는 음식을 먹여서는 안 됩니다.

🐾 반려견의 비만도 체크하기

반려견도 과식을 자주 하고 운동량이 부족하게 되면 비만이 올 수 있습니다. 반려견도 최적의 체중을 유지하는 것이 수명 유지나 건강에 좋기 때문에, 저체중이나 비만이 오지 않도록 미리 관리를 하는 것이 좋습니다. 반려견이 비만 상태가 되었다고 그때 되어 다이어트를 시키는 것은 사람이 다이어트를 하는 것보다 훨씬 고통스럽고 힘든 일이 될 것입니다. 평소에 반려견의 상태를 수시로 확인하여 체중 관리를 해 주어야 합니다.

반려견의 비만 상태를 가장 쉽게 파악하는 방법은 손으로 몸 여기저기를 만져보는 것입니다. 배, 등, 옆구리 등을 맨눈으로 관찰하고 만져보아 뼈가 튀어나온 것이 확연하게 느껴진다면 저체중으로 볼 수 있습니다.

반면 살이 늘어지고 주름졌으며 만졌을 때 뼈가 잘 느껴지지 않는다면 비만일 확률이 높습니다. 반려견을 만졌을 때 뼈가 느껴지는 정도가 어떠한지 주기적으로 파악하는 습관을 들이면, 살이 쪄서 체형이 바뀌었을 때 쉽게 확인할 수 있을 것입니다. 이와 함께 반려견의 품종에 따른 대략적인 표준 체중을 미리 알아두고 체크해 보세요.

반려견 견종별 표준 체중 (성견 기준)

견 종	표준 체중	견 종	표준 체중	견 종	표준 체중
치와와	1~3kg	포메라니안	1.8~2.7kg	말티즈	2~3kg
토이 푸들	2~3kg	요크셔테리어	3~3.5kg	미니어처 닥스훈트	3~5kg
시츄	5.4~6.8kg	미니어처 슈나우저	6~7kg	퍼그	6~8.5kg
시바견	9~14kg	프렌치 불독	10~13kg	웰시 코기	11~13kg
잉글리시 코커스패니얼	13~15kg	비글	10~16kg	진돗개	15~20kg
보더 콜리	18~23kg	시베리안 허스키	16~27kg	골든 리트리버	27~36kg
도베르만핀셔	30~40kg				

**보통 반려견이 표준체중에서 15~20% 이상 더 나갈 시 비만으로 간주할 수 있습니다.

네 번째

반려견이 비만일 경우, 사용하는 열량보다 식사 등으로 섭취하는 열량이 많기 때문일 확률이 높습니다. 이때 다이어트를 한다고 무작정 반려견의 식사량을 줄일 경우, 영양 불균형이 오거나 스트레스로 인해 보채는 행동이 나타날 수 있습니다. 평균적인 사료 급여량 외에 간식을 줄이거나, 사료 급여량은 그대로 두고 횟수를 늘리거나, 일반 사료 대신 다이어트용 처방 사료를 먹이는 방법 등으로 조절하는 것이 좋습니다.

반려인 행동 체크리스트

✓ 반려견의 사료를 구입할 때 원료의 성분과 비율을 확인하였나요?
✓ 반려견이 올바른 식사 습관을 지닐 수 있도록 훈련을 해 주었나요?
✓ 반려견에게 충분한 양의 물을 마시게 해 주었나요?
✓ 반려견에게 간식을 너무 자주 주지는 않았나요?
✓ 반려견이 먹으면 안 되는 음식이 어떤 것들인지 알고 있나요?

 반려견이 사료를 잘 먹지 않는데, 어떻게 해야 할까요?

 우선 반려견의 건강 상태에 문제가 있는지 확인해 보아야 합니다. 건강에 이상이 있는 것이 아니라면, 반려견의 식사 습관을 확인해 보세요. 사료를 잘 먹지 않아 걱정된다고 다른 기호식품이나 간식을 주어서는 안 됩니다. 식사를 제때 먹지 않거나 남기는 경우, 적정 시간이 지나면 밥그릇을 치워주어 올바른 식사 습관을 길러주세요. 산책이나 운동을 통해 활동량을 늘리는 것도 도움이 됩니다.

 반려견이 아플 때는 어떤 사료를 먹여야 할까요?

 일반적인 사료 외에 처방식으로 불리는 특수 사료도 있습니다. 반려견이 어떤 질병에 걸렸는지에 따라 각각 필요한 영양소들이 다르기 때문에, 동물병원의 담당 수의사와 상담 후 적합한 처방식을 먹이면 됩니다. 처방식을 너무 장기간 먹이게 되면 영양소의 불균형이 올 수 있기 때문에, 병원에서 정기적으로 검진을 하여 계속해서 급여해도 되는지 확인하도록 합니다.

건강을 위해 영양도 챙겨요

네 번째

사람이 식사만으로 영양을 다 채우기 쉽지 않듯, 반려견도 사료만으로 모든 영양소를 섭취할 수는 없습니다. 이럴 때는 별도의 영양제를 급여하기도 합니다. 식욕이 별로 없고 살이 잘 찌지 않는 반려견, 견종 특성상 특정 기능이 약한 반려견, 노화가 진행 중인 노령견 등 반려견의 영양에 문제가 있는 경우, 건강 상태 및 증상에 맞는 영양제를 먹이면 영양 균형 및 건강에 도움을 줄 수 있습니다.

증상별 추천 영양제

눈 관련 영양제

반려견이 나이를 먹을수록 백내장이나 녹내장 같은 눈 관련 질환이 많이 생기게 되기 때문에, 이를 관리하기 위해 눈 영양제를 급여하기도 합니다. 눈 영양제의 대표적인 성분으로는 루테인과 제아잔틴이 있는데, 이는 눈의 건강한 기능 유지에 도움을 주는 항산화 물질입니다. 체내에서 생성이 되지 않아 음식으로만 섭취할 수 있으므로, 노령견이라면 이러한 성분이 들어있는 눈 영양제를 고려해 보는 것이 좋습니다. 아연이나 마그네슘 같은 성분들도 눈 건강에 도움을 줄 수 있습니다.

피부, 털 관련 영양제

피부와 털의 건강을 유지하기 위해서는 적당한 햇빛과 공기를 쐬어주는 것이 좋습니다. 하지만 산책을 자주 시켜주지 못하거나 노화가 오는 경우, 그리고 피부 질환이 있는 경우 영양제를 먹이면 도움이 됩니다. 피부, 털 관련 영양제에는 필수 지방산이 들어있어 건강한 피부와 윤기 있는 털을 유지하고, 알레르기나 아토피 치료를 도와줄 수 있습니다. 대표적으로 오메가3가 있는데, 건조한 피부에 보습 효과를 주고 각질을 줄여주며, 염증 개선에도 효과가 있습니다.

관절 관련 영양제

반려견이 선천적으로 슬개골이 약해서 탈구가 우려되는 소형견인 경우, 그리고 노화로 인해 관절이 약해진 노령견인 경우 관절 건강에 대한 걱정이 많을 수 있습니다. 이럴 때는 관절용 영양제를 급여하면 도움이 됩니다. 관절용 영양제의 대표적인 성분으로는 글루코사민, 콘드로이틴이 있는데, 손상된 연골에 영양을 공급하여 회복을 돕고, 관절염 증상을 완화하는 데 효과가 있습니다.

▌장 관련 영양제

변비에 걸리기 쉬운 소형견인 경우, 그리고 구토를 자주 하고 배변 후 냄새가 심하거나, 설사가 잦은 반려견의 경우 장 영양제를 먹이면 좋습니다. 대표적으로 유산균이 있는데, 원활한 소화와 배변, 면역력 향상, 그리고 아토피 증상을 개선하는 데 효과가 있습니다. 하지만 과도하게 복용하면 설사를 할 수 있으니 주의해야 합니다.

▌종합 비타민

비타민은 피부병과 빈혈을 예방하고, 영양소 이용을 높이는 역할을 합니다. 또한 반려견의 영양 균형, 면역력 강화에 좋습니다. 수용성 비타민은 과잉 섭취를 해도 소변 등을 통해 몸 밖으로 배출이 되지만, 지용성 비타민은 체내에 축적되기 때문에 권장 급여량을 꼭 지키도록 해야 합니다.

▌기타

이 외에도 반려견이 나이를 먹으면서 약해질 수 있는 심장 기능을 보조해 주는 심장 보조제(L-카르니틴, 코엔자임 Q10 등), 간 기능이 떨어졌을 때 간 보조제(SAMe, 실리마린 등), 신부전 증상에 효과가 있는 신장 보조제(칼륨, 철분, 오메가3 등) 다양한 영양제가 있습니다.

최근 영양제의 제형이나 성분, 기능 면에서 아주 다양한 종류가 출시되고 있는데, 반려견용 영양제를 구입할 때는 어떤 성분이 들어있는지 잘 확인하여야 합니다. 알레르기 유발 위험은 없는지, 여러 개의 영양제를 함께 급여할 시 중복되는 성분은 없는지, 다른 성분과의 상호작용으로 문제가 생길 요소는 없는지 꼼꼼하게 체크해야 합니다.

반려인 행동 체크리스트

- ✓ 영양제를 먹이기 전, 먼저 양질의 사료를 잘 먹이고 있는지 확인하였나요?
- ✓ 반려견의 견종이나 연령에 따라 필요한 영양소가 무엇인지 이해하였나요?
- ✓ 영양제의 성분 함량, 원산지 등은 꼼꼼하게 확인하였나요?
- ✓ 반려견의 연령, 체중 등에 따른 권장 급여량을 확인하고, 이에 알맞게 영양제를 급여했나요?
- ✓ 여러 가지 영양제를 임의로 조합하거나, 너무 과도하게 급여하고 있지는 않나요?

 반려견이 어린 경우에는 어떤 영양제를 먹이는 것이 좋을까요?

 영양제는 영양소를 보조해 주는 것이기 때문에, 모든 반려견에게 영양제를 먹일 필요는 없습니다. 다만, 어미 개에게서 영양을 많이 받지 못했거나, 성장이 느리고 입이 짧으며 살이 찌지 않는 어린 반려견의 경우라면 일시적으로 영양제를 급여하는 것이 좋습니다. 보통 비타민, 유산균, 오메가3 등 다양한 영양소들이 들어간 종합 영양제를 추천하는데, 어린 반려견의 장기에 무리를 주지 않는지 확인 후 먹이도록 하세요.

 반려견에게 영양제를 많이 먹이면 더 건강해지나요?

 반려견이 영양제를 많이 먹는다고 병이 없어지거나 건강해지는 것은 아닙니다. 영양제는 건강에 도움을 주고 질병을 미리 예방하는 차원에서 급여하는 것이기 때문입니다. 따라서 영양제의 설명서와 급여 권장량 등을 잘 숙지하고 급여해 주는 것이 좋습니다. 영양성분마다 체내에서 작용하는 방식이 다르고 같이 먹으면 부작용이 생기는 경우도 있기 때문에, 성분과 권장량을 잘 확인해야 합니다. 너무 과도하게 먹이는 것보다는 동물병원의 추천이나 반려인의 필요에 따라 꼭 필요한 것 위주로 적절하게 급여해 주세요.

다섯 번째

알콩달콩,
반려견과 함께 생활하기

반려견에게 제일 중요한 훈련, 배변하기

다섯번째

반려견의 배변 훈련은 반려인과 반려견이 함께 행복하게 살기 위해서 반드시 해야 하는 가장 필수적인 훈련입니다. 배변판과 배변 패드를 활용하여 반려견에게 적합한 배변 환경을 만들어 주세요. 그리고 다양한 배변 훈련 방법 중 반려견의 성향, 주거 환경에 따라 알맞은 방법으로 반려견의 배변 활동을 도와주어 좋은 배변 습관을 지닐 수 있도록 해 주세요.

🐾 배변판과 배변 패드

배변판의 종류

반려견들이 배변 시 사용하는 배변판은 그물망의 여부에 따라 그물망이 있는 것, 그리고 없는 것으로 나뉩니다.

그물망이 없는 배변판

그물망이 있는 배변판은 배변판과 그물망이 따로 구성되어, 그물망 사이로 오줌이 흘러내려 아래쪽 판에 고이는 형태입니다. 이러한 형태는 반려견이 소변을 누었을 때 발바닥에 소변이 거의 묻지 않고, 별도의 배변 패드 없이 사용할 수 있어서 경제적이라는 장점이 있습니다. 하지만 배변 교육이 제대로 되어 있지 않은 반려견에게는 적합하지 않을 수도 있습니다. 반려견은 본능적으로 잔디와 같은 푹신한 촉감을 느낄 수 있는 곳에서 배변하려는 습성이 있는데, 이를 딱딱한 촉감의 그물망이 가로막기 때문입니다.

그물망이 있는 배변판

그물망이 없는 배변판은 판 위에 별도로 배변 패드를 깔아서 사용하는 형태입니다. 이러한 형태의 배변판은 배변 패드의 푹신한 촉감을 느끼도록 할 수 있어서, 반려견들이 본능적으로 편안한 상태에서 배변 활동을 할 수 있다는 장점이 있습니다. 따라서 배변 교육이 되어 있지 않은 반려견, 혹은 어린 반려견이 사용하기에 좋습니다. 하지만 별도의 배변 패드를 사용하기 때문에 경제적으로 다소 부담이 될 수 있다는 단점이 있습니다.

수컷 반려견용 배변판

배변판을 이용할 때는 청결과 위생이 중요합니다. 반려견이 배변 활동을 하고 나면, 바로 배변판을 바로 씻어주거나 사용한 배변 패드를 교체하여 항상 청결하게 해주세요.

배변 패드의 종류

반려견의 배변 패드는 크기, 두께 등에 따라 여러 가지 종류가 있습니다. 함께 사용하는 배변판이나 반려견의 배변 습관, 배변량에 따라 적당한 것을 선택하여서 사용하면 됩니다. 상황에 따라 배변판을 생략하고 배변 패드만 사용하기도 합니다.

크기가 작고 얇은 배변 패드는 소변량이 적은 소형견에게, 크고 두꺼운 배변 패드는 소변량이 많은 중·대형견이 사용하기에 적당합니다. 배변 패드를 자주 갈아줄 수 없다면 배변 후 냄새를 잡아주는 탈취 효과가 있는 배변 패드를 사용하면 좋습니다.

그 외에 배변 유도제가 들어 있는 특수한 배변 패드도 있습니다. 배변 실수가 잦거나 배변 교육이 필요한 반려견에게 사용하면 많은 도움이 됩니다. 다만 배변 유도제의 성분에 일부 화학 물질이 포함되어 있어서 반려견의 건강에 좋지 않을 수 있으므로, 배변 실수는 배변 훈련과 교육을 통하여 해결하는 것이 이상적입니다.

배변 패드를 사용할 때 자주 갈아주는 것이 귀찮아서 고가의 제품을 사서 오래 사용하려는 경우가 있습니다. 하지만 반려견들은 깨끗한 장소에서 배변 활동을 하려는 습성이 있으므로, 이러한 행동은 반려견이 좋은 배변 습관을 기르는 데 도움이 되지 않습니다. 자주 갈아줄 수 있는 저가의 제품을 사용하여 반려견이 배변 활동을 한 후 바로 갈아주도록 합시다.

소형견용 배변 패드   대형견용 배변 패드   탈취 효과가 있는 배변 패드

🐾 배변 훈련하기

배변 훈련은 반려인과 반려견이 함께 행복하게 살기 위해서 반드시 해야 하는 필수적인 훈련입니다. 처음부터 완벽하게 배변 활동을 할 수는 없으므로, 배변 훈련 시 나타날 수 있는 실수를 용납해 주고 인내와 끈기를 가지고 훈련해 주세요. 배변 장소는 보금자리와 식사 장소로부터 최대한 멀리 분리해 주고, 이를 통해 반려견에게 화장실의 개념을 알려주는 것부터 시작해 주는 것이 좋습니다.
다양한 배변 훈련 방법 중 반려견의 성향, 그리고 주거 환경에 따라 알맞은 방법으로 반려견의 배변 활동을 도와주어 좋은 배변 습관을 형성할 수 있도록 도와주세요.

울타리 활용하기

반려견을 데려온 지 얼마 되지 않았을 경우, 어느 정도 울타리 안에서 머무는 기간이 필요합니다. 이때 울타리를 이용하여 배변 훈련을 해 주면 좋습니다. 성견인 경우에도 배변 패드를 인지하지 못하고 배변 실수를 할 때 선택적으로 활용하면 좋은 방법입니다. 울타리를 활용하는 배변 훈련 방법은 다음과 같습니다.

1. 울타리 안에 하우스, 밥그릇, 물그릇을 적당한 간격으로 배치합니다.

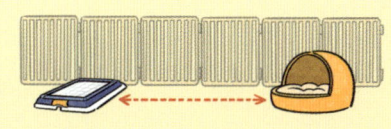

2. 배변 패드는 하우스에서 멀리 떨어진 장소에 깔아줍니다.

3. 반려견이 패드 위에 배변 활동을 제대로 하는 경우, 간식을 주며 칭찬해 줍니다.

배변 패드 활용하기

배변 패드를 활용하는 방식은 배변 훈련 방법 중 가장 일반적인 방식입니다. 반려견이 배변 패드 위를 기분 좋은 곳으로 인식할 수 있도록, 아래와 같이 훈련해 보세요.

1. 반려견이 식사하는 곳, 자는 곳, 쉬는 곳 이외의 여러 장소에 배변 패드를 놓아둡니다.
2. 배변 패드 위에 간식을 놓아두어, 반려견에게 배변 패드 위가 기분 좋은 공간임을 인식하게 합니다.
3. 배변 패드 위에서 배변 활동을 제대로 한 경우, 칭찬하면서 간식을 주도록 합니다.
4. 기존에 여러 장소에 깔아 두었던 배변 패드의 개수를 점점 줄여 나가며 반려인이 원하는 배변 장소로 유도합니다.
5. 배변 패드 위에 간식을 두어 올라오도록 유도하는 횟수를 줄이고, 원하는 반응을 하였을 때 간식을 주세요.
6. 원하는 배변 장소에만 배변 패드를 남겨두어 반려견이 해당 장소를 화장실로 인식하게 합니다.

실외에서 배변하기

실외 배변은 반려견의 습성에 따른 자연스러운 방식이기 때문에, 반려견이 배변할 때가 되면 실외로 데리고 나가 배변 활동을 하게 하면 됩니다. 이때 배변 봉투와 비닐장갑 등을 챙겨서 배설물을 깨끗이 치우는 것은 필수입니다.

실외 배변은 반려견의 자연스러운 습성을 활용하는 방식이기 때문에 별도의 훈련이 필요하지 않다는 장점이 있습니다. 하지만 실외 배변이 습관이 되면 다시 실내 배변으로 돌리기 어렵기 때문에, 반려인이 계속해서 실외 배변을 시킬 수 있는 환경이 아니라면 추천하지 않는 방법입니다. 또한, 날씨가 좋지 않아도 배변을 위해 실외로 나가야 한다는 단점이 있습니다.

배변 훈련을 할 때 주의할 점은 교육하며 절대 혼을 내거나 체벌해서는 안 된다는 점입니다. 반려견이 올바른 배변 습관을 형성할 수 있도록, 배변 패드 위에서 배변 활동을 제대로 했을 경우 간식을 주며 칭찬해 주기를 반복해 주세요. 그리고 배변 활동 후 바로 배변 패드를 갈아주어 반려견에게 배변 환경에 대한 좋은 이미지를 심어주도록 합시다.

다섯 번째 🐾 변 상태로 반려견 건강 확인하기

반려견의 변 색깔, 모양, 크기, 내용물 등을 통해 건강 상태를 확인할 수 있습니다. 배변 활동을 하고 나면 대변의 상태를 살펴보아 문제가 없는지 확인해 주는 것이 좋습니다.

변의 색깔

반려견의 변 상태 확인 시 쉽게 구분할 수 있으며, 가장 중요한 지표입니다. 정상적인 대변 색깔은 황갈색으로, 일반적으로 반려견이 먹는 사료의 색깔보다 조금 진한 색입니다.

빨간색일 경우는 대장 또는 항문 등에 출혈이 있을 수 있으며, 주황색일 경우는 췌장, 간에 문제가 있을 수 있습니다. 녹색일 경우에는 담낭 관련 질환일 수 있으나 단순히 풀을 먹었을 가능성도 있습니다. 흰색 반점이 있는 경우는 기생충이 있을 가능성이 높고, 검은색일 경우에는 혈변, 위장 출혈, 응급 상황일 수 있으므로 곧바로 병원을 방문하도록 합니다.

변의 모양

정상적 대변 모양은 통나무처럼 두툼하고 단단하지만 딱딱하지 않은 형태로 약간의 점도를 가진 부드러운 형태입니다. 반려견이 배변 활동을 힘들어하며 크기가 작고 수분이 없는 건조한 변을 눈다면, 변비나 탈수를 의심해 볼 수 있습니다. 질척하고 흐물흐물한 형태, 혹은 질감이 느껴지지 않는 상태의 변이라면 설사일 수 있으므로 동물병원에 방문하는 것이 좋습니다.

변의 크기

변의 크기는 섬유질의 함유량에 따라 결정됩니다. 보통 섬유질 함유량이 증가하면 대변의 크기가 증가하며, 대변의 크기가 작다면 식단을 고섬유질로 바꾸어 주는 것이 좋습니다. 대변의 크기가 너무 큰 경우, 소화 불량으로 영양소 섭취가 잘 안되는 상황일 수 있으며, 크기가 작은 경우는 장 폐색 등 위장 문제, 식욕 저하가 원인일 수 있습니다.

변의 내용물

대변에서 점액이 섞여 나오거나 혈변, 흑변인 경우 위장 쪽에 문제가 있을 수 있습니다. 그리고 대변에서 긴 벌레가 나올 경우는 당황하지 말고 구충제를 먹이도록 합니다. 반려견이 뼈를 섭취한 상태에서 소화가 다 된 경우에는 하얀색 대변을 누기도 합니다.

반려인 행동 체크리스트

✓ 매일 배변 훈련을 진행했나요?
✓ 배변 훈련을 하면서, 제대로 배변하였을 경우 바로 간식을 주고 칭찬을 해 주었나요?
✓ 반려견이 대변이나 소변을 본 후 배변 패드를 바로 교체했나요?
✓ 반려견에게 정해진 식사량을 제공했나요?
✓ 반려견의 대변 상태를 수시로 확인하였나요?

다섯번째

 소변을 너무 자주 보거나, 하루 종일 보지 않아요.

반려견의 정상적인 하루 소변량은 12~24㎖/㎏입니다. 소변량이 이보다 증가했거나, 물을 많이 마시지 않았는데도 배뇨 횟수가 평소의 2배 이상 늘었다면 당뇨, 신부전, 부신피질기능항진증 등의 질병에 걸렸을 수 있습니다. 반대로 하루 종일 소변을 보지 않는 경우에도 신장 기능에 문제가 생겼거나 방광염, 결석 등이 발생했을 수 있으니, 동물병원에서 진료를 받아보아야 합니다.

 반려견이 배변 패드에 발만 올리거나, 패드 주변에만 배변합니다. 왜 그럴까요?

반려견이 조금 더 깨끗한 환경에서 배변을 하고 싶다는 표현입니다. 배변 패드 위에 배변하지 않았다고 바로 혼내거나 소리를 지르지 말고, 배설물을 바로 치워준 뒤 배변 환경을 청결한지 확인해 주세요. 계속해서 이런 행동을 반복해서 한다면 배변 패드를 자주 바꾸어 주는 것이 좋습니다.

알콩달콩 반려견과 함께 생활하기

반짝반짝 깨끗하게, 반려견 케어하기

반려견과 함께 생활하면서 배변 훈련뿐 아니라 몸, 항문낭, 귀, 치아, 발톱, 털 등 신체 부위를 깨끗하게 씻어주고 관리해 주는 것도 필요합니다.

전문적인 케어나 미용이 필요한 경우에는 동물병원이나 전문 샵에 맡길 수도 있지만, 평소에 집에서 간단하게 케어할 수 있는 방법을 익혀두는 것이 좋습니다. 직접 반려견 목욕을 시켜주고, 빗질을 해 주며 함께 놀아주고 교감하는 시간을 가져보도록 합시다.

🐾 목욕하기

일반적으로 반려견들은 땀샘이 없다고 알려졌지만, 반려견들도 땀을 흘리고 목욕을 하지 않으면 노폐물이 쌓이게 됩니다. 사람들의 피부는 두껍고 튼튼하지만, 반려견의 피부는 얇고 약하기 때문에, 노폐물이 쌓이면 감염질환으로 이어질 확률이 높습니다. 따라서 반려견의 목욕 관리는 아주 중요합니다.

반려견의 목욕 주기는 건강 상태, 견종, 털의 상태, 활동량에 따라 다르지만, 보통은 반려견의 몸에서 개 특유의 냄새가 날 때 해주면 됩니다. 하지만 너무 잦은 목욕은 피부나 모낭에 자극을 줄 수 있기 때문에 보통 2-3주에 한 번 정도 해주는 것이 좋습니다.

목욕을 할 때는 절대 사람용 샴푸를 사용하지 않고, 반려견 전용 샴푸를 사용해야 합니다. 아무리 순한 제품이어도 반려견의 피부에 맞지 않고, 건조함을 유발하여 각종 염증, 피부 질환에 취약해질 수 있기 때문입니다.

반려견의 목욕을 시켜 줄 때는 천천히 물에 적응시킨 후, 심장에서 먼 꼬리나 다리, 엉덩이, 몸, 배, 얼굴 순으로 밑에서 위로 올라가면서 씻겨주도록 합니다. 얼굴은 손으로 씻어주고,

코, 귀 등에 물이 들어가지 않도록 해 줍니다. 샴푸로 목욕을 하고 난 뒤에는 비눗기가 남아있지 않도록 꼼꼼하게 씻어주고, 흡수가 잘 되는 수건으로 물기를 제거해 준 뒤 드라이어의 찬 바람으로 말려주세요.

🐾 항문낭 관리하기

반려견이 배변을 하면, 항문낭액이 조금씩 같이 나오는데, 이것이 특유의 냄새가 됩니다. 강아지들은 엉덩이에서 나는 항문낭 냄새를 통해 상대방을 탐색합니다. 보통 배변을 할 때나 움직임이 많을 때 자연스럽게 배출되기도 합니다. 하지만 배출이 되지 않으면 반려견이 엉덩이를 바닥에 대고 비비거나 질질 끄는 등 불편해하고 염증 등으로 이어질 수 있으므로 주기적으로 짜 주는 것이 좋습니다.

항문낭은 항문의 좌우 대각선 아래쪽에 볼록하게 올라온 곳입니다. 항문낭을 짤 때는 한 손으로 꼬리를 잡고 살짝 들어 올려 항문을 확인한 후, 반대쪽 손의 엄지와 검지를 항문낭에 대고 항문 쪽으로 살살 밀어주는 느낌으로 짜 주면 됩니다. 하지만 계속 해서 시도하다가 실패하면 피부에 자극이 오거나 염증이 생길 수도 있으니, 직접 하기가 어렵다면 동물병원에서 관리해 주세요.

🐾 귀 청소하기

반려견의 귀는 사람의 귀와는 달리 길게 내려와 덮여 있거나, 통풍이 되지 않아 주기적으로 살펴보고 청결을 유지해 주는 것이 좋습니다. 특히 귀가 덮여 있는 견종의 경우, 귓속이 습하고 따뜻하여 곰팡이나 진드기가 번식하기 쉬워 귀 관리에 유의해야 합니다.

평소에 귀 안쪽의 냄새를 맡아보고, 일주일에 한 번 정도는 귀 청소를 해주는 것이 좋습니다. 귀 안에서 냄새가 날 때는 외이염, 중이염 등의 귀 관련 질환으로 발전했을 수 있으니, 병원에서 진료를 받아보고 매일 귀 청소를 해주도록 합시다. 반려견의 귀 청소를 해주는 방법은 다음과 같습니다.

1. 반려견의 귀를 젖혀 입구를 노출해 줍니다.
2. 귀 안에 귀 세정액을 충분히 넣어 줍니다.
3. 반려견의 귀를 30초에서 1분 동안 부드럽게 마사지해 줍니다.
4. 반려견이 머리를 흔들어 분비물을 배출하도록 하고, 배출된 분비물을 닦아줍니다.
5. 귀 청소가 끝난 후에는 반드시 간식을 주고 칭찬을 해 주세요.

귀 세정제는 자극적이지 않은 것으로 선택해야 하고, 면봉을 사용하는 것은 반려견에게 매우 위험하므로 절대로 해서는 안 됩니다. 만약 귀 청소를 하는 동안 반려견이 아파 보이는 행동을 한다면, 즉시 멈추고 동물병원을 찾아 진료받도록 해 주세요.

🐾 치아와 잇몸 관리하기

다섯번째

반려견은 스스로 치아 관리를 할 수 없으므로, 치석이 쌓여 입 냄새가 심해지거나 치주 질환, 잇몸 질환에 걸리기 쉽습니다. 따라서 적어도 하루에 1-2번 양치질을 꾸준히 하여 치석이나 플라크를 제거해 주어야 합니다. 반려견용 칫솔과 치약을 사용하는 것이 가장 좋지만, 양치질을 좋아하지 않으면 잇몸에 발라주는 치약이나 간식 형태로 된 치아 관리 용품을 사용하도록 합니다. 그리고 이미 잇몸이나 치아에 질환이 생긴 반려견의 경우, 습식사료보다는 건식사료를 급여하는 것이 치아 건강에 좋습니다.

반려견의 양치질을 해 주는 방법은 다음과 같습니다.

1. 처음 양치질을 시키기 전, 반려견이 치약에 적응하는 시간을 가집니다. 반려견에게 치약 냄새를 맡게 하거나 조금 먹게 하여 익숙해지도록 합니다.
2. 적응되면 반려견의 입술을 들어 맨손으로 윗니와 아랫니를 만져주고, 칫솔로 앞니, 송곳니, 어금니 등을 천천히 만져 줍니다.
3. 칫솔에 치약을 묻혀 반려견의 입에 넣어 줍니다.
4. 반려견의 입술을 위로 올린 후 앞니를 닦아주고, 송곳니와 측면 어금니도 닦아줍니다.
5. 마지막으로 안쪽 어금니와 깊숙한 곳까지 닦아줍니다.

양치질을 처음부터 좋아하는 반려견은 없습니다. 1~4번 과정을 꾸준히 반복해 주며 양치질에 자연스럽게 적응할 수 있도록 해 주세요. 양치질은 너무 길게 하는 것보다 약 20초 정도 해 주는 것이 적당하며 즐겁게 놀이하듯이 하여 좋은 이미지를 만들어 준다면, 반려견도 잘 적응하여 꾸준하게 치아 관리를 할 수 있을 것입니다.

🐾 발톱 잘라주기

반려견은 신발이나 양말 없이 네 발로 다니기 때문에, 움직이는 데 불편하지 않으려면 발톱 관리를 해 주어야 합니다. 발톱 관리를 해주지 않게 되면, 반려견이 움직이는 과정에서 지속해서 눌려 통증을 느낄 뿐만 아니라 발톱이 굽어 자라기 때문에 살 안쪽을 찌르거나 부러지고 발가락에 골절이 생길 수 있습니다. 실내 생활을 많이 하는 반려견의 경우, 산책이나 실외 생활을 자주 하는 반려견에 비해 발톱이 덜 닳기 때문에 더욱 신경을 써 주어야 합니다. 그리고 실외 생활이 많은 반려견이더라도 앞발 안쪽의 며느리발톱은 휘어서 피부를 자극할 수 있기 때문에 주기적으로 잘라주어야 합니다.

1. 처음에는 간식을 주며 발톱을 만져주고 발톱깎이를 주변에 두고 관심을 가지도록 하는 과정을 통해 발톱을 자르는 것에 적응할 수 있게 해 주세요.
2. 반려견이 긴장하지 않도록 안은 상태에서 발을 잡고 발바닥을 살짝 눌러, 발톱이 드러나게 해 주세요.
3. 발톱은 처음부터 너무 짧게 잘라주기보다는 조금씩 잘라주는 것이 좋습니다. 분홍색을 띄고 있는 혈관에서 1~2mm 정도 떨어진 흰색 부분을 바닥에 닿을 정도로만 잘라줍니다. 발톱이 검은색이라 보이지 않으면 발바닥과 일직선이 되도록 잘라주세요.

반려견의 발톱을 잘라줄 때는 사람용 손톱깎이를 사용해서는 안 되며, 반드시 반려견 전용 발톱깎이를 사용해 주세요. 그리고 발톱을 자르다가 피가 나는 경우 깨끗한 거즈로 출혈 부위를 약 5분 정도 꾹 눌러주고, 이후에도 출혈이 있다면 동물병원에 방문하여 지혈하도록 합니다.

🐾 털 관리하기

반려견의 견종에 따라 털이 길거나 짧은 경우, 그리고 속 털이 있는 경우와 없는 경우 등 일부 차이가 있지만, 기본적으로 온몸이 털로 덮여 있으므로 털 관리를 잘해주어야 합니다. 털이 뭉치거나 꼬여서 피부 질환이 생기기도 하고, 빠진 털이 집안에 쌓여 반려인의 건강에도 안 좋을 수 있기 때문입니다. 따라서 매일 빗질을 하여 빠진 털을 정리해 주는 것이 좋으며, 특히 털갈이할 때는 더욱 신경 써주어야 합니다. 털을 관리하는 데 필요한 도구들과 방법들을 알아보도록 합시다.

반려견 털 관리 도구

슬리커 브러시

핀이 촘촘하게 모여 있어 엉킨 털을 푸는 데 좋고 모든 견종에 사용하는 빗입니다.

콤 브러시 (일자 빗)

털이 긴 반려견의 엉킨 털을 풀거나 죽은 털을 제거하는 데 사용합니다.

쉐드 킬러 브러시

반려견의 죽은 털이나 심하게 엉킨 털을 제거하는 데 사용합니다.

눈곱 빗

살이 촘촘하게 된 빗으로, 반려견의 눈곱이나 진드기, 벼룩 등을 제거할 때 사용합니다.

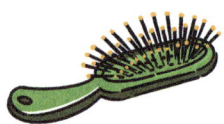

핀 브러시

금속의 핀이 촘촘하게 박힌 브러시로 복슬복슬한 털을 가진 장모종이나 중간 길이의 털을 가진 견종에 좋습니다. 주로 빗질 마무리 단계에서 정리 및 이물질 제거 시 사용합니다.

브리슬 브러시

돼지나 말 등의 털로 만든 브러시입니다. 피모가 약한 반려견에게 적합하며, 단모종과 장모종 모두 사용할 수 있습니다. 피부의 노폐물과 이물질 제거에 좋고 털을 부드럽고 윤기 나게 만들어 줍니다.

마사지 브러시

고무나 실리콘 재질로 만들어져, 빠진 털이나 먼지를 제거하고 마사지 효과도 있는 브러시입니다.

1. 브러시를 장난감처럼 강아지 옆에 놓아둡니다.
2. 반려견이 호기심을 보이며 냄새를 맡거나 건드릴 경우, 간식을 주며 칭찬해 줍니다.
3. 어느 정도 적응했다 싶으면 강아지 시야를 벗어나지 않은 범위 내에서 빗질합니다.
4. 점차 시간을 늘려가면서 시야를 벗어난 범위까지 빗질합니다.
5. 빗질할 때는 머리에서 꼬리 쪽으로, 털이 난 방향으로 빗겨주는 것이 좋으며, 눈이나 항문 등 약한 부위는 피해주세요.

반려견의 빗질은 털이 날려도 괜찮은 곳에서 하도록 하며, 빗질이 피부에 상처를 남길 수 있으므로 너무 힘을 주지 말고 부드럽게 해 주어야 합니다. 그리고 처음 빗질을 하는 반려견의 경우 무서워하거나 불안감을 보여서 거부할 수가 있으므로, 충분히 적응 시간을 주는 것이 중요합니다.

반려인 행동 체크리스트

✓ 반려견 케어를 해 줄 때, 반려견 전용 도구를 사용하였나요?
✓ 반려견의 목욕은 2~3주에 한 번 정도 적당하게 해 주고 있나요?
✓ 반려견의 치아 관리를 위해 칫솔질을 매일 1~2회 이상 해 주었나요?
✓ 반려견의 발톱은 너무 짧게 자르지 않고, 바닥에 닿을 정도로만 잘라주었나요?
✓ 반려견의 털을 빗겨주고 난 뒤, 떨어진 털을 치우기 위해 구석구석 청소해 주었나요?
✓ 반려견 케어를 할 때 무서워하거나 겁을 먹고 거부하는 경우,
  친숙해지는 시간을 만들어 주었나요?

다섯번째

 반려견의 털갈이는 보통 언제쯤 하나요?

보통 반려견의 털갈이는 기온의 변화가 심한 환절기에 진행됩니다. 추운 겨울에 두꺼운 털로 몸을 보호하다가, 날이 따뜻해지면 속 털이 빠지게 되고, 반대로 날이 추워지는 시기에는 몸을 따뜻하게 보온할 두꺼운 털을 자라게 하기 위해 털갈이를 하게 됩니다. 견종에 따라 다소 차이는 있지만 털갈이 시기에는 털이 매우 많이 빠지기 때문에, 매일 빗질을 해 주고 집 안 청소에도 신경 써 주는 것이 좋습니다.

 반려견의 미용은 언제부터 해 주는 것이 좋을까요?

반려견은 온몸이 털로 덮여 있기 때문에 주기적으로 미용을 해 주면 털 관리에 도움이 됩니다. 반려견을 데리고 온 뒤 기본적인 접종을 하고 안정을 찾게 되면, 필요한 부분의 미용부터 해 주도록 합니다. 처음부터 몸 전체 미용을 해 주게 되면 스트레스를 받을 수 있기 때문에, 부분 미용을 해 준 뒤 약 1달 정도 지난 후에 전신미용을 하는 것이 좋습니다.

알콩달콩 반려견과 함께 생활하기

여섯 번째

종알종알, 반려견과 소통하기

반려견의 마음을 알고 싶어요

반려견과 생활을 하다 보면, 반려견의 행동을 보면서 도대체 왜 그러한 행동을 하는 것인지 궁금하게 될 것입니다. 반려견의 기분이나 상태가 어떠한지 알고 싶다면, 표정이나 몸짓, 울음소리 등을 잘 관찰해 주세요. 반려견은 이미 다양한 몸짓과 행동을 통해 반려인에게 말을 걸고 있습니다. 반려견의 다양한 소통 방법에 대해 이해하고, 반려견의 기분에 관심을 가지고 지켜보는 것은 함께 행복하게 살기 위한 첫걸음이 될 것입니다.

🐾 표정으로 알아보기

▍눈 깜빡이기
반려견이 긴장하지 않고 편안한 상태라는 의미입니다. 반려인도 눈에 힘을 빼고 함께 깜빡여 준다면 더욱 편안해할 것입니다.

▍얼굴 근육이 이완되어 웃는 느낌의 표정
행복하고 기분이 좋을 때의 표정입니다. 반려인을 믿고 존중한다는 의미로, 친밀도가 상당히 높은 상태라고 볼 수 있습니다.

▍눈을 가늘게 뜨고 하품하는 모습
스트레스를 받거나 어딘가가 불편하다는 의미입니다. 반려견은 하품하는 행동을 통해 흥분을 진정시키고, 긴장을 풀게 됩니다.

▍눈을 부릅뜨고 째려보는 표정
반려견이 눈을 계속해서 쳐다보는 것은 위협의 의미입니다. 공격성을 보일 수 있으니 주의하세요.

▍입을 벌리고 송곳니를 드러내는 모습
적극적으로 경계를 하는 모습으로, 공격을 시작할 수 있다는 것을 의미합니다. 이런 경우에는 반려견을 만지거나 자극하는 행동을 해서는 안 됩니다.

🐾 행동으로 알아보기

▌귀를 접는 행동
매우 긴장하거나 겁을 먹었을 때 하는 행동으로, 낯선 공간에서 두려움을 느낄 때 많이 나타납니다.

▌귀를 긁거나 터는 행동
무언가 궁금하거나 호기심이 들 때, 혹은 스트레스를 받아 민망한 상황에 하는 행동입니다. 반려견을 교육하던 중 이러한 행동을 한다면 보상을 달라는 의미로, 간식을 주며 칭찬해 주도록 합니다.

▌코를 핥는 행동
불안, 긴장, 불편, 민망함을 의미합니다. 누군가가 반려견을 안고 있을 때 이런 행동을 보인다면 매우 불편하다는 것을 표현하는 것입니다.

▌배를 보이고 눕는 행동
반려견이 배를 내보이는 것은 상대와 함께 놀고 싶다는 표현이거나, 복종한다는 의미로 공격할 의사가 없다는 의미입니다.

▌몸을 흔들어 터는 행동
보통 몸에 묻은 물기 혹은 먼지를 털어내는 행동이지만, 그러한 상황이 아닐 경우 스트레스 혹은 긴장을 완화하기 위한 행동입니다.

▎상체를 낮추고 엉덩이를 올리는 행동

반려인과 함께 있을 때 이런 행동을 한다면 같이 놀자는 의미이므로. 함께 놀아주는 것이 좋습니다.

▎상대방의 얼굴이나 입술을 핥는 행동

관심을 받고 싶어 응석을 부리는 표현으로, 상대방에게 친근감과 복종의 의미를 나타내는 행동입니다.

▎꼬리를 흔드는 행동

꼬리의 안쪽부터 부드럽게 흔드는 경우, 기분이 아주 좋다는 것을 의미합니다. 반려인이 외출했다가 집에 돌아오는 경우 많이 보이는 행동입니다.
하지만 반려견이 꼬리의 뿌리 부분을 경직된 상태로 흔든다면 경계한다는 의미이니 다가가지 않도록 합니다.

▎꼬리를 내리는 행동

꼬리의 끝이 말려 들어간 상태로 축 내리고 몸을 떨고 있다면 긴장하거나 겁을 먹은 경우입니다. 하지만 꼬리가 자연스럽게 살짝 내려가 있는 경우에는 편안한 상태임을 의미합니다.

🐾 울음소리로 알아보기

반려견은 사람과 달리 말을 하지 못하기 때문에, 울음소리로 감정을 표현합니다. 반려견이 내는 울음소리는 음의 높이에 따라 그 의미를 유추해 볼 수 있는데, 보통 음이 높을수록 긍정적인 의미이며 음이 낮을수록 부정적인 의미를 나타냅니다.

멍멍!
부드럽고 짧게 짖는다면 기분이 좋다는 의미입니다. 하지만 귀를 바짝 세우고 짖는다면 어떤 것을 경계하거나 흥분했을 수 있습니다.

아우우우~ (하울링 소리)
늑대의 하울링처럼 높고 길게 우는 경우, 외롭다는 의미입니다. 그 외에 긴장했거나 아플 때도 내는 소리로, 교육을 하거나 병원에 방문하여 원인을 찾아보아야 합니다.

깨갱!
반려견이 무언가를 두려워하거나 몸이 아프다는 표현입니다. 순간적으로 고통이 가해지거나 또는 위협에 놀라서 도망을 가는 경우에도 이런 울음소리를 냅니다.

낑낑~ (끙끙~)
반려견의 대표적인 울음소리 중 하나로 고통을 표현합니다. 낮은 소리로 슬프게 우는 경우 반려견의 상태를 유심히 살펴보고, 건강에 이상이 있어 보이는 경우 병원에 방문하도록 합니다.

크르르릉~!
상대방을 위협하거나 공격하기 전에 내는 울음소리로, 귀를 세우고 꼬리를 높게 드는 행동과 함께하는 경우가 많습니다.

반려견이 이상한 행동을 해요

반려견의 행동을 이해하고 올바르게 대처하는 것은 반려인과 반려견이 함께 행복하게 잘 지낼 수 있는가를 결정하는 중요한 부분입니다. 반려견이 이상한 문제 행동을 보인다면 반려인과 갈등을 겪게 될 수 있으며, 심할 경우 파양이나 유기의 상황으로 이어질 수 있기 때문입니다. 평소에 반려견의 행동에 관심을 가지고 지켜보도록 하고, 문제 행동이 발생하게 되는 경우 차분하게 원인을 파악하는 데 최선을 다해 주세요. 그리고 원인을 파악하였다면, 문제 해결을 위해 꾸준하게 반복하여 훈련하고 노력해야 합니다.

🐾 끊임없이 짖어요

반려견이 짖는 것은 당연한 행동이며, 아주 다양한 이유로 짖습니다. 하지만 아무 이유 없이 짖거나 너무 오래 짖는다면 반려인뿐 아니라 주변에도 피해를 줄 수 있으므로, 반드시 해결해야 할 문제입니다.

▍외부에서 들려오는 소리에 짖는 경우

반려견이 외부에서 들리는 소리에 민감하게 반응하여 짖는다면 본능적으로 자기 영역을 지키려고 하는 습관 탓이므로, 평상시에 다양한 소리를 들려주는 것이 좋습니다. 그리고 갑자기 짖기 시작할 때 반려인이 몸으로 막아준 뒤 조용해지면 간식을 주고 칭찬해 주는 방식으로 꾸준하게 교육을 해 주세요.

▍낯선 사람이 왔을 때 짖는 경우

낯선 사람이 자신의 영역을 침범했다는 생각에 사납게 짖거나 달려들 수 있습니다. 이럴 때는 자주 산책을 시켜주거나, 낯선 사람이 방문하게 되었을 때 간식을 주어 즐거운 경험을 쌓아주는 것이 좋습니다.

▍반려인과 떨어져서 혼자 있을 때 짖는 경우

이러한 행동은 분리 불안으로 인한 경우가 많으므로, 반려인이 금방 돌아온다는 신뢰를 쌓아주는 것이 필요합니다. 외출 전에 가벼운 산책을 시켜주거나, 장난감 등을 활용하여 반려견 혼자서도 놀 수 있는 환경을 만들어 주도록 합니다.

▍산책을 할 때 짖는 경우

반려견이 산책할 때 많이 짖는다면 사회성이 부족한 경우일 수 있습니다. 많은 시간은 아니더라도 자주 산책을 시켜주는 것이 중요하며, 낯선 개나 사람을 볼 때 목줄이나 하네스를 당기지 말고 서서히 다가서서 충분히 냄새를 맡으며 탐색을 하도록 해주세요. 짖는 것을 멈추면 간식을 주고 칭찬해 주는 방식으로 교육을 해 주면 됩니다.

🐾 자꾸 공격성을 보여요

반려견이 으르렁거리며 물거나 공격성을 보이는 경우, 반려인이 아주 곤란해질 수 있습니다. 흔히 자신의 반려견은 절대로 물지 않는다고 이야기하는 반려인들이 있는데, 이는 아주 위험한 생각입니다. 모든 반려견에게는 공격성이 내재하여, 언제든 물 수 있다는 사실을 명심하고 주의해 주세요.

▎두려움으로 인해 공격성을 보이는 경우

보통 소심한 반려견에게 많이 보이는 행동입니다. 반려견이 원하면 언제든 그 상황을 벗어나 안전한 공간으로 갈 수 있도록 해 주세요. 시간이 지나면 두려움을 느끼는 상황에 조금씩 노출해 주며 나쁜 일이 발생하지 않는다는 것을 인식하도록 해 주세요.

▎어딘가가 아파서 공격성을 보이는 경우

반려인이 미처 인지하지 못한 질환이 장시간 방치되어, 반려견이 갑자기 공격성을 보일 수 있습니다. 특히 어떤 한 부위를 만졌을 때 물거나 심하게 반응하는 경우 해당 부위에 질환이 있을 수도 있으니, 병원을 찾아가 진단을 받아보는 것이 좋습니다.

▎소유욕으로 인한 공격성을 보이는 경우

반려견에게 소유욕은 본능이지만, 공격성이 너무 심할 때는 교육이 필요합니다. 다른 대체 물품을 제공하거나, 반려인이 해당 물건과 함께 있을 때 더 좋은 일이 일어난다는 것을 알려주도록 하세요.

▎낯선 환경에서 공격성을 보이는 경우

낯선 개가 많은 카페나 놀이터 등은 사회화가 덜 된 반려견에게 스트레스를 줄 수 있습니다. 가능하면 충분한 사회화 훈련 후 방문하도록 하고, 간식을 주거나 칭찬하며 즐거운 경험을 하게 해 주세요.

🐾 겁이 너무 많고 소심해요

실내 생활이 많아 사회성이 부족하거나 특정 물건이나 장소에 트라우마가 있는 경우, 겁을 먹고 소심한 행동을 보이는 경우가 많습니다. 이럴 때는 반려견이 충분한 시간과 여유를 가지고 적응할 수 있도록 도와주는 것이 중요합니다.

▍사회성 길러주기

산책하며 다른 개와 만나고 인사할 수 있도록 해 줍니다. 한꺼번에 많이 만나게 하는 것보다는 천천히 적응할 수 있도록 해 주세요.

▍조용하고 안전한 환경 만들어 주기

겁이 많은 반려견은 성격이 예민한 경우가 많습니다. 집에서도 편안하게 지낼 수 있는 장소를 만들어 주어 스트레스를 받지 않도록 해 주세요.

▍둔감화 과정 거치기

특정 물건이나 장소에 트라우마가 있는 반려견의 경우, 싫어하는 상황을 좋아하는 보상으로 바꾸어 주는 역조건 형성을 해 주세요. 그리고 자극에 조금씩 반복적으로 노출하여 덜 민감해지도록 할 수 있는 둔감화 과정을 통해 긍정적인 생각을 가지도록 해 주세요.

🐾 식탐이 강해요

식탐은 반려견의 본능이지만, 너무 지나칠 경우 건강을 해칠 수 있으며 질환이 있을 수도 있습니다. 식탐이 강한 반려견은 반려인의 음식이나 먹어서는 안 되는 위험한 음식까지 먹을 수 있으니 철저하게 관리를 해 주세요.

▍다이어트를 위해 식이 조절을 하는 경우

식사량을 조절하는 경우 식탐이 강해지기도 합니다. 과체중이 아니라면 무리한 식이 조절은 자제하고, 연령과 체중에 맞는 식사량을 제공해 주세요.

너무 급하게 먹는 경우

반려견이 식사를 너무 급하게 하는 경우에는 노즈 워크 등을 이용하여 음식을 천천히 먹는 습관을 들여주고, 사료를 한꺼번에 주기보다는 여러 번 나누어 먹을 수 있게 해 주세요.

식사 환경에 문제가 있는 경우

반려견의 식사 환경이 불안한 장소인 경우, 허겁지겁 먹기도 합니다. 식사 환경을 편안하게 해 주는 것이 좋으며, 반려견이 여러 마리일 경우 식사 장소를 분리하여 주세요.

🐾 밥을 잘 먹지 않아요

반려견이 식사를 잘 하지 않는 경우, 건강상 문제를 제외하면 반려인의 책임이 크다고 볼 수 있습니다. 사료를 안 먹는다고, 혹은 귀엽다고 간식을 자주 주는 경우 좋지 않은 식사 습관이 들어 반려견의 건강을 해칠 수도 있으니 주의해야 합니다.

이럴 때는 기호 식품을 조금 섞어서 먹이거나, 반려견의 기호성이 높은 사료를 선택해 주세요. 또한 간식 주는 횟수를 제한하고, 사료를 정해진 시간에 정해진 양을 먹을 수 있도록 습관을 들여주세요. 산책과 운동 등으로 반려견의 활동량을 늘려주는 것도 좋습니다.

🐾 배설물을 먹어요

반려견이 자신이나 다른 개의 배설물을 먹는 행동을 식분증이라고 합니다. 이는 영양 결핍이나 잘못된 놀이, 스트레스 등 다양한 원인에 의해 발생하는데, 질병으로 연결될 수 있어 반드시 해결해야 합니다.

영양 결핍이나 질병으로 인한 경우

반려견에게 영양이 결핍된 경우, 배설물을 먹어 이를 보충하려고 할 수 있습니다. 이럴 때는 병원에 방문하여 필요한 영양소가 무엇인지 확인해 주세요.

놀이로 인식하거나 학습이 잘못된 경우

배설물을 입에 물고 옮기거나 먹는 것을 놀이로 잘못 판단하거나, 다른 반려견의 행동을 따라 하는 경우도 있습니다. 배변했을 때 지켜보고 있다가 바로 치워주는 것을 반복하여 훈련해 주세요.

🐾 물건을 물어뜯어요

반려견이 물어뜯고 씹는 행동은 본능에 의한 정상적인 행동으로, 스트레스를 해소하고 치아 건강을 유지해 주기도 합니다. 하지만 이러한 행동이 반복되면 반려인을 난처하게 만들 수 있으므로, 정해진 물건 외에는 물어뜯지 않도록 교육을 시키는 것이 중요합니다. 이럴 때는 여러 가지 장난감이나 노즈 워크를 주고 정해진 시간에 함께 놀아주도록 하세요. 반려견이 안정을 느끼면 물어뜯는 행동이 줄어들 것입니다. 또한 개껌 등의 간식을 가끔 제공하여 씹는 욕구를 해소해 주세요. 가장 좋은 해결 방법은 꾸준한 산책을 통하여 반려견의 스트레스를 풀어주는 것입니다.

🐾 집 안 곳곳에 소변 실수를 해요

집안 환경에 변화가 있는 경우, 반려견이 스트레스를 받아 여기저기에 소변 실수(마킹)를 할 수 있습니다. 이사를 하거나, 새로운 반려견을 데려왔을 때, 아이가 태어났을 때 등 커다란 환경적 변화가 있을 때는 강아지가 함께 잘 적응할 수 있도록 도와주어야 합니다. 만약 배변 교육도 잘 되어있고 스트레스 요인이 없는데도 계속해서 소변 실수를 하면 질병이 원인일 수도 있으니, 병원을 찾아 진료를 받아보는 것이 좋습니다.

🐾 반려인이나 물건에 집착을 해요

반려견의 집착은 장난감, 사료, 간식, 반려인에 이르기까지 다양하게 나타납니다. 물건에 대한 집착이 너무 심해지면 공격성을 보이거나 무는 행동으로 이어질 수 있으며, 반려인에 대한 집착이 심해지면 분리불안의 원인이 되기도 합니다. 심해지기 전에 원인을 파악하고 문제를 해결해 주는 것이 중요합니다.

▎물건에 집착이 심한 경우

반려견이 물건에 집착한다고 해서 심하게 혼내거나 뺏으려고 하지 마세요. '안 돼'라는 지시어를 사용하여 물건을 스스로 내려놓을 수 있도록 해 주고, 반려견이 물건을 내려놓으면 간식을 주며 칭찬을 해 주세요. 만약 한 가지 물건에만 집착한다면, 다양한 물건을 놓아두어 호기심을 분산시켜 스스로 물건을 내려놓게 해 주세요.

▎음식에 집착이 심한 경우

처음에는 소량의 사료를 넣은 밥그릇을 반려인에게서 멀리 두고, 반려견이 편하게 먹을 수 있도록 합니다. 점차 시간이 지날수록 밥그릇을 반려인 가까이에 두고 먹을 수 있도록 하여 사람이 접근하는 것을 자연스럽게 느낄 수 있게 해 주세요.

▎반려인에게 집착이 심한 경우

반려인과 떨어지는 것에 대해 받아들이고, 이러한 환경에서도 안정을 느낄 수 있도록 하는 것이 중요합니다. 평상시에 반려견이 혼자 있는 시간을 늘려주고, 반려인이 집에서 할 일을 할 동안 '기다려'라는 지시어를 내려주세요. 일을 마친 후에도 반려견이 가만히 있으면 간식을 주고 칭찬을 해 주세요.

🐾 분리 불안 증상이 있어요

분리 불안의 증상으로는 하울링, 대소변 실수, 물건 물어뜯기, 자해 등이 있습니다. 이러한 행동을 하는 반려견의 경우 반려인과 잘못된 애착 관계가 형성되었을 가능성이 높습니다. 따라서 반려견이 어릴 때부터 며칠 정도는 반려인 없이도 잘 지낼 수 있도록 훈련을 해 주는 것이 좋습니다.

반려견이 혼자 있더라도 편안하게 느낄 수 있는 자신만의 공간을 만들어 주고, 분리 불안이 심하면 이동장 안에서 지내게 하는 것도 좋습니다. 외출 시 TV나 클래식 음악, 백색소음 등을 틀어두면 반려견의 심리 안정에 도움을 줄 수 있습니다. 또한, 반려견의 안정을 도와주는 영양제 등을 급여하는 것도 좋습니다.

그리고 외출 전에 산책이나 놀이를 통해 에너지를 소진해 주거나, 여러 가지 장난감이나 노즈 워크 등을 두어 반려견이 혼자 있을 때도 재미있게 놀 수 있도록 해 줍니다. 외출 후 돌아왔을 때 반려견이 흥분하여 점프하거나 짖는다면, 차분해질 때까지 관심을 주지 않는 것이 좋습니다.

반려인 행동 체크리스트

- ✓ 반려견의 바디 랭귀지에 대해 얼마나 알고 있나요?
- ✓ 반려견과 소통할 때, 반려견의 입장에서 생각해보려고 노력했나요?
- ✓ 반려견의 표현을 정확하게 이해하고 문제를 해결해 본 적이 있나요?
- ✓ 반려견이 이상 행동을 했을 때, 바로 혼을 내거나 소리를 지르지는 않았나요?
- ✓ 반려견이 이상 행동을 하는 원인을 파악하고, 이를 해결하기 위해 천천히 반복하며 교육을 해 주었나요?

 반려견이 이상 행동을 하는 근본적인 원인은 무엇인가요?

반려견의 이상 행동은 같은 행동이라고 해도 불안하고 두려운 경우, 질병이 있는 경우, 호기심 때문에 행동하는 경우 등 그 원인이 아주 다양합니다. 하지만 제일 큰 이유는 반려 환경이 불안정하거나, 반려인과의 애착 관계가 올바르게 형성되지 않았기 때문일 수 있습니다. 따라서 반려견이 이상 행동을 할 시 제일 중요한 것은, 매일 함께 생활하는 반려인이 상황을 확인하여 원인을 파악하고 문제를 해결하는 것입니다.

반려견과 함께 놀아요

반려견은 뛰기, 점프하기, 물기, 냄새 맡기 등 다양한 놀이를 통해서도 소통합니다. 반려견들의 놀이는 운동 능력뿐 아니라, 사회성도 기를 수 있는 활동이기 때문에, 평소에 함께 놀이를 자주 해 주는 것이 몸과 마음을 건강하게 하는 데 도움이 됩니다. 실내·실외 환경에서 즐길 수 있는 놀이 방법, 그리고 다양한 장난감에 대해 알아보고, 반려견과 함께 즐겁게 놀아주는 시간을 가져 보세요.

🐾 실내에서 함께 놀아요

▌노즈 워크 놀이

노즈 워크는 반려견의 후각을 활용한 놀이 방법으로, 반려견이 좋아하는 간식이나 장난감 등을 숨긴 후 후각을 사용하여 찾도록 하는 것입니다. 반려견이 후각을 마음껏 사용하게 하여 스트레스를 완화하고, 무언가를 찾아내는 것에 대한 성취감을 주는 활동입니다. 또한 뇌 활동을 활발하게 하여 집중력 향상과 치매 예방에 도움을 주며, 낯선 물건에 대한 경계심을 해소할 수 있어 사회성을 키우는 데도 좋습니다.

하지만 노즈 워크 놀이를 하며 간식을 너무 많이 주게 되면 비만의 우려가 있으므로 간식을 작게 자르거나 소량만 사용하고, 사료와 섞어서 사용하는 것이 좋습니다.

1. 작게 자른 간식을 집 안 곳곳에 두고, 반려견이 간식을 잘 찾아 먹는지 확인하도록 합니다.
2. 반려견이 잘 찾아 먹을 경우, 이후에는 보지 않을 때 집안의 가구, 물건 등에 간식을 숨겨주세요.
3. 종이를 구기거나 헌 옷 등을 잘라 다양한 형태의 노즈 워크 장난감을 직접 만드는 것도 좋으며, 간식 대신 반려견이 좋아하는 장난감 등을 넣어두어도 좋습니다.

▌터그 놀이

터그 놀이는 반려견의 사냥 본능을 이용한 놀이로, 반려견이 물고 있는 장난감을 반려인이 이리저리 밀고 당겨주는 것입니다. 반려견의 욕구를 충족시켜 주는 동시에 반려인과 교감을 나눌 수 있습니다. 또한 이것저것 무는 습관이 있는 반려견의 교육에도 도움이 됩니다.

실외 활동을 자주 해 줄 수 없는 반려인의 경우, 반려견과 함께 터그 놀이를 해 주면 스트레스 해소와 함께 건강 관리도 함께해 줄 수 있습니다. 다만, 지나치게 단단하거나 뻣뻣한 물건은 반려견의 치아 건강에 좋지 않을 수 있으니 피하도록 하고, 물건을 위아래로 당기는 것은 반려견의 척추에 무리를 줄 수 있으므로 좌우 위주로 움직이며 놀아 주세요.

1. 반려견이 물기 쉬운 수건이나 터그 놀이용 장난감 등을 준비해 주세요.
2. 물건을 이리저리 움직이며 반려견이 쫓도록 해 주세요.
3. 반려견이 물건을 물고 흔들면, 함께 좌우로 당기거나 밀면서 놀아줍니다.
4. 놀이 중이나 놀이를 마친 후, 반려견이 물건을 가질 수 있게 하여 성취감을 느끼도록 해 주세요.

공놀이

공놀이는 반려견과 함께 교감하며 놀아주는 방법 중 가장 쉬운 놀이입니다. 활발한 성격을 가진 반려견들이 특히 좋아하는 놀이로, 실외 활동량이 부족할 때 이를 채워주기에 좋습니다. 반려견의 사냥 본능을 해소해 주고 신체 근육을 키우는 데 도움을 줄 수 있습니다. 반려인이 공을 던지면 이를 반려견이 무는 것에 그치지 않고, 다시 물어오는 것까지 진행하는 것이 좋습니다. 그리고 바닥이 미끄러운 경우 반려견의 관절에 무리가 갈 수 있으므로, 공놀이를 하기 전에 바닥이 미끄럽지 않은지 꼭 확인해 주세요.

1. 반려견에게 알맞은 적당한 크기의 공을 골라주세요. 너무 작으면 반려견이 삼킬 수 있고, 너무 크면 턱에 무리가 갈 수 있습니다.
2. 반려견이 공에 관심을 가질 수 있도록, 이리저리 움직여 주며 가볍게 던져주세요.
3. 반려견이 공을 물고 반려인에게 다시 가져오도록 해 주세요. 공을 가지고 오면 보상으로 간식을 주며 칭찬을 해 줍니다. 처음에는 한두 번 정도로 시작하여 조금씩 늘려주세요.
4. 가까이 공 던지는 것에 어느 정도 적응을 했다면, 서서히 먼 곳으로 던지며 놀아주세요. 너무 멀리 던지면 반려견이 흥미를 잃을 수 있으므로, 공이 시야 밖으로 벗어나지 않게 해 주세요.

숨바꼭질 놀이

별다른 도구가 없어도 쉽게 할 수 있는 놀이입니다. 문이나 의자 등 특정한 장소에 숨어서 반려견의 이름을 부르고, 반려견이 청각과 후각을 사용하여 반려인을 찾는 활동입니다. 반려견이 후각을 활용하고 탐색 본능을 발휘할 수 있으며, 반려인을 찾아내는 과정을 통해 성취감과 자신감을 키울 수 있습니다. 처음부터 찾기 어려운 곳에 숨으면 금방 흥미를 잃을 수 있으니 찾기 쉬운 장소부터 시작하도록 하고, 한 번에 너무 오래 하기보다는 적당한 시간에 자주 해 주는 것이 좋습니다.

1. 반려인이 집 안에서 적당한 장소를 찾아 숨습니다. 이때 반려견이 따라오지 않고 기다릴 수 있도록 사전에 '기다려' 교육을 해 주세요.
2. 반려견에게 들을 수 있도록 이름을 부르거나 '이리 와'라고 하여 반려인을 찾을 수 있게 해 주세요.
3. 반려견이 반려인을 찾을 때까지 조용히 숨어있다가, 찾으면 간식을 주면서 칭찬을 해 줍니다.

🐾 실외에서 함께 놀아요

어질리티 놀이

어질리티는 일종의 도그 스포츠(Dog Sports) 활동으로, 반려견이 여러 가지 장애물을 뛰어넘거나 통과하면서 목적지까지 가는 놀이입니다. 실외 환경에서 다양한 장애물을 가지고 훈련을 할 수 있으며, 실내에서도 상자나 의자, 쿠션 등을 활용하여 어질리티 코스를 만들어 줄 수 있습니다. 반려견이 반려인의 지시와 신호에 집중하며 미션을 해결해 나가는 활동을 통해 깊은 유대감을 형성할 수 있습니다. 또한 활동성이 높은 반려견들의 운동 부족을 해소해 주기에 적합하며, 움직이는 활동을 통해 민첩성과 유연성을 길러줍니다. 하지만 관절이 좋지 않거나, 어린 반려견, 노령견은 제한적으로 진행해야 합니다.

허들 넘기

막대기를 바닥에 놓고 반려견이 지나가도록 합니다. 반려견이 익숙해지면 높이를 조금 높여서 뛰어넘을 수 있도록 합니다.

A 프레임 오르고 내리기

경사가 있는 프레임을 오르고 내려오는 활동으로, 높이가 낮은 단계부터 시작하여 조금씩 높이를 올려주는 것이 좋습니다. 실내에서는 쿠션 등으로 대체할 수 있습니다.

위브 폴 지나가기

기둥 형태의 장애물 사이를 지그재그로 통과하는 활동입니다. 처음에는 일직선으로 지나가게 하여 익숙해지도록 하고, 어느 정도 적응하면 간식으로 폴과 폴 사이를 지나가도록 합니다.

터널 통과하기

터널 형태의 구조물 안에 간식을 두고 들어 오게끔 유도하고, 어느 정도 익숙해지면 터널 반대편에서 이름을 부르고 간식으로 유도하여 통과할 수 있게 해 주세요. 실내에서는 종이 상자 등으로 대체할 수 있습니다.

허들

위브 폴

A 프레임

터널

▎프리스비 놀이

프리스비는 반려인이 원반을 던지고, 반려견이 공중에서 뛰어올라 이를 받아오는 것으로 공원 등 넓은 실외 환경에서 즐기기 좋은 놀이입니다. 성격이 활발하고 의욕이 강한 반려견, 코와 입 사이가 길고 점프력이 뛰어난 반려견들에게 적합합니다.

달리기와 함께 높이 뛰어오르는 점프를 해야 하므로 꾸준히 하면 반려견의 민첩성과 체력 향상에 좋으며, 다리 근육과 등 근육이 발달하게 됩니다. 또한 반려인과 반려견이 호흡을 맞추어 원반을 던지고 뛰어올라야 하므로 교감과 신뢰를 형성하는 데 큰 도움이 됩니다.

1. 반려견의 체중과 연령대, 그리고 입 크기에 적합하여 쉽게 잡을 수 있는 원반을 선택해 주세요.
2. 처음에는 원반에 익숙해질 수 있도록, 원반 위에 간식을 올려 먹을 수 있도록 합니다.
3. 반려견이 원반에 익숙해지면, 반려견이 쉽게 받을 수 있는 방향과 속도로 던져 놓아주세요. 처음에는 가까운 거리부터 던져주고, 받지 못하더라도 꾸준히 반복해서 가르쳐 주세요. 조금 익숙해지면 거리를 늘려가는 방식으로 진행하면 됩니다.
4. 프리스비 놀이는 체력 소모가 심하므로, 무리하게 진행하면 관절 건강에 좋지 않을 수 있습니다. 놀이를 한 후에 충분한 휴식 시간을 주도록 하세요.

🐾 반려견의 장난감

반려견을 키울 때 장난감은 선택이 아니라 필수적인 요소입니다. 단순히 재미있게 가지고 노는 것뿐 아니라 사회성 향상이나 분리불안 해소, 이상행동 교정 등 다양한 기능과 효과가 있기 때문입니다. 반려견의 성향과 행동을 파악하고, 그 목적에 적합한 장난감을 선택한다면, 반려견도 흥미를 느끼고 재미있게 놀 수 있을 것입니다.

▍장난감의 종류

봉제형 장난감

천이나 부직포 등 패브릭 소재로 만들어진 장난감으로 물거나 씹고 핥는 등 다양하게 가지고 놀 수 있습니다. 그리고 반려견 본인이나 반려인의 냄새가 남기 때문에 안정감을 주기도 합니다. 하지만 내구성이 다소 떨어지고 위생상의 문제가 있을 수 있습니다.

터그형 장난감

물고 흔들 수 있는 로프 형태의 장난감으로, 활동성이 높거나 실내 생활이 많은 반려견의 운동량을 채워주는 데 좋습니다. 반려견의 치아 건강에도 도움을 줄 수 있습니다.

고무 장난감

천연고무나 라텍스 등 탄성이 있는 소재로 만들어져 씹기를 좋아하는 반려견에게 적합합니다. 다양한 형태가 있으며, 내구성이 좋지만 뜯기거나 찢기면 바꾸어 주어야 합니다.

퍼즐형 장난감

퍼즐 형태 장난감 안에 간식을 넣어두고 반려견들이 코, 입 등을 이용하여 찾는 놀이를 하는 것으로, 반려견의 지능 개발에 도움이 됩니다.

노즈 워크형 장난감

분리불안 증상이 있는 반려견이 가지고 놀기에 좋습니다. 반려인이 외출하고 혼자 있을 때 노즈 워크 놀이를 할 수 있는 환경을 만들어 주면 도움이 됩니다.

장난감 고르기

장난감을 고를 때는 반려인의 성향보다는 반려견의 성향을 파악하는 것이 제일 중요합니다. 선호도가 낮은 장난감을 주면 반려견이 흥미를 갖지 않아 방치하게 될 수도 있습니다. 아래 체크 사항들을 확인하고 적합한 장난감을 골라, 반려견이 재미있게 놀 수 있게 해 주세요.

> **반려견 장난감 선택 시 체크할 점**
> - 반려견이 물어뜯거나 먹을 수 있으므로, 장식이 없고 안전한 소재로 만들어졌는지 확인해 주세요.
> - 장난감의 크기가 너무 작으면 반려견이 삼킬 수도 있으므로, 입 크기를 확인하고 먹지 못할 정도의 크기로 선택해야 합니다.
> - 장난감이 너무 단단하면 반려견의 치아에 좋지 않으므로, 부드러운 재질의 장난감을 골라주세요.
> - 반려견은 새로운 것에 대한 호기심이 많기 때문에, 같은 장난감만 계속 주기보다는 다양한 종류의 장난감을 준비하는 것이 좋습니다.

장난감 관리하기

반려견은 장난감을 주로 입으로 물고 뜯으며 놀기 때문에, 장난감에 침이 많이 묻게 됩니다. 이 상태로 오래 두게 되면 색이 변하고 세균이 번식할 수 있기 때문에 주기적으로 세척을 해 주어야 합니다. 오염 정도에 따라 다르지만, 보통 2주일에 한 번 정도는 해 주는 것이 좋으며, 여름철에는 평소보다 자주 해 주는 것이 좋습니다. 세척 시에는 자극이 적은 천연 세제 등을 사용하도록 하고, 세척 후에는 완전히 건조해 주어야 세균 번식을 막을 수 있습니다. 장난감이 파손되었을 경우, 반려견이 내용물을 삼킬 수도 있으므로 즉시 수선하거나 교체해 주도록 합니다.

반려인 행동 체크리스트

- ✓ 반려견과 놀아주는 놀이 방법을 얼마나 알고 있나요?
- ✓ 반려견과 놀아주는 횟수가 일주일에 몇 번 정도 되나요?
- ✓ 반려견이 놀이를 하면서 성취감을 느낄 수 있도록 고려하여 놀아주고 있나요?
- ✓ 반려견이 가장 좋아하는 장난감은 무엇인가요?
- ✓ 반려견 장난감 세척은 한 달에 몇 번 정도 하나요?

여섯 번째

 **반려견이 장난감을 물고 놓지 않으면 어떻게 해야 하나요?**

반려견이 장난감을 놓지 않는다고 억지로 뺏으려고 하면, 더욱 물고 잡아당길 수 있습니다. 인내심을 가지고, 반려견이 장난감을 자연스럽게 내려놓을 때까지 기다려주세요. 반려견이 장난감을 내려놓으면, 간식을 주고 칭찬을 해 주도록 합니다. 이러한 훈련을 반복하여 서서히 행동을 교정해 주세요.

 반려견이 놀이를 하지 않으려고 하면 어떻게 해야 하나요?

이럴 때는 반려견이 놀이에 흥미를 느낄 수 있도록 해 주어야 합니다. 하나의 장난감만으로 놀아주는 것 대신, 반려견 앞에 여러 가지 장난감을 놓아두고, 반려견이 선택하는 장난감에 맞는 놀이를 해 주며 자연스럽게 재미를 느낄 수 있도록 해 주세요.

종알종알 반려견과 소통하기

일곱 번째

룰루랄라, 반려견과 산책하기

산책은 언제나 즐거워요

일곱 번째

산책하는 반려견의 표정을 본 적이 있나요? 아주 밝고 행복한 표정을 짓고 있을 것입니다.

반려견의 하루는 반려인의 3일과 같다고 합니다. 그렇기 때문에 반려견은 하루만 산책을 안 해도 3일 동안 갇혀 있는 느낌이 들 것입니다. 따라서 매일 꾸준한 산책을 통해 스트레스를 해소하고 사회성을 길러주어야 합니다.

산책은 건강 관리뿐 아니라 이상 행동이나 비만을 방지하는 데에도 좋으며, 반려인과 반려견의 유대감을 쌓을 수 있는 최고의 놀이이자 운동입니다. 짧은 시간이라도 매일 산책을 하여 반려견에게 즐거운 시간을 만들어 주세요.

🐾 산책할 때 필요한 준비물

▍목줄, 가슴줄(하네스)

목줄은 반려견, 반려인, 그리고 다른 사람들까지 모두의 안전을 위해 필요한 물건입니다. 목줄을 채우지 않고 산책하게 되면 동물보호법 위반으로 벌금을 내야 하며, 돌발 상황이 생길 때 대응하기에 어렵기 때문에 반드시 챙겨야 합니다. 목줄을 이용할 때는 2m 이내의 고정된 형태를 사용하는 것이 좋습니다. 소형견이나 노령견 등은 가슴줄을 착용하는 것이 좋으며, 활동성이 지나치게 높거나 훈련이 필요한 반려견, 대형견 등의 경우는 목줄을 착용하는 것이 좋습니다.

▍배변 봉투와 휴지

반려견이 산책하다가 실외에서 배변하는 경우, 이를 치우기 위해 반드시 지참해야 합니다. 반려견의 변을 치우지 않으면 동물보호법 위반으로 벌금을 내야하며, 무엇보다 다른 사람들에게 불쾌감을 줄 수 있으므로 바로바로 치워주세요.

▍인식표(마이크로칩)

산책이나 외출 전 반려견의 목에 반려인의 연락처가 쓰여 있는 인식표를 달아주세요.
사전에 동물등록을 위해 병원에서 마이크로칩 시술을 했을 때도 인식표를 함께 달아주는 것이 좋습니다.

▍물병

반려견이 산책하다가 갈증을 느낄 수 있기 때문에, 산책 전 물병을 챙기는 것이 좋습니다. 반려견은 사람과 달리 물을 핥아서 마시기 때문에, 가능하다면 전용 물병을 써야 편안하게 물을 먹일 수 있습니다. 더운 날씨에 산책하다가 체온이 많이 올라갔을 때, 물병의 물을 발바닥에 묻혀주면 도움이 됩니다.

▍간식

반려견이 산책하는 중에 바람직한 행동을 하지 않을 때는 교육이 필요합니다. 올바른 행동을 하는 것에 대한 보상으로 간식을 주며 칭찬해 주면 교육 효과가 아주 높습니다.

😺 이상적인 산책 시간

반려견의 산책 시간은 크기, 활동량, 건강 상태, 품종 등에 따라 다릅니다. 소형견의 경우는 20분~1시간 사이가 적당하고, 대형견은 1시간~2시간 정도가 좋습니다. 노령견의 경우는 건강 상태에 따라 다를 수 있으나 보통은 30분 전후가 적당합니다.

산책하는 횟수는 기본적으로 하루에 1회 이상 시켜 주는 것이 제일 바람직합니다. 하지만 산책을 시키기 어려운 상황이라면 집 근처에서 잠깐이라도 산책시켜주는 것이 좋습니다. 반려견들은 오래 산책하는 것보다 짧게 여러 번 나누어서 산책하는 것을 훨씬 더 좋아하기 때문입니다.

산책할 때 햇빛이 강한 낮은 피하는 것이 좋습니다. 뜨거운 햇빛이 반려견의 발바닥에 무리를 주어 염증이 생길 수 있기 때문에, 비교적 선선한 아침이나 저녁 시간에 산책을 해 주세요. 날씨가 추운 겨울에는 얼음이나 눈이 발바닥에 들러붙거나 미끄러질 수 있으니 주의해 주세요.

일곱번째

😺 산책하기 좋은 곳

반려견과 산책을 할 때, 처음에는 사람이 많이 다니는 장소를 피해 조금 한산한 곳으로 가 주세요. 적응이 되지 않은 상황에서 많은 사람들이나 다른 개들을 만나게 되면 긴장할 수 있으며, 심하면 산책을 기피하게 될 수도 있습니다. 학교 운동장 같은 한적한 장소에서 산책을 시작하여, 시간이 지나면 사람이나 반려견이 조금 더 많은 장소로 바꾸어 나가도록 해 주세요. 여건이 가능하다면 흙과 나무, 풀 등이 있는 곳에서 자유롭게 냄새를 맡고 돌아다니게 하는 것이 좋지만, 풀밭 등의 장소는 진드기에 노출될 수 있기 때문에 주의해 주는 것이 좋습니다.

펫티켓을 지켜요

Pet + Etiquette

반려동물을 키우는 반려인들이 늘어나며, 펫티켓에 대한 사회적 관심이 높아지고 있습니다. 펫티켓은 '펫'과 예절을 뜻하는 '에티켓'의 합성어로, 반려견을 키우면서 지켜야 할 공공 예절을 의미합니다. 이는 반려동물에 대해 올바르게 인식하고 함께 공존할 수 있도록 반려인뿐 아니라 비반려인 또한 함께 지켜야 하는 예절입니다. 기본적인 펫티켓은 다음과 같은 것들이 있습니다.

▎인식표 착용하기

반려동물을 잃어버리는 일들이 점점 많아지면서 사회적 문제로 이어지고 있습니다. 반려견과 외출이나 산책할 때는 반드시 반려인의 이름, 연락처, 그리고 반려견의 동물 등록번호 등이 표시된 인식표를 착용하도록 합니다.

▎산책 및 외출 시 목줄 착용하기

반려견의 목줄 착용은 반려견의 안전뿐 아니라 모두의 안전을 위해 필수입니다. 반려견을 무서워하는 비반려인도 있기 때문에, 돌발 상황에 대비하여 목줄이나 가슴줄(하네스)을 꼭 착용해 주세요. 또한 사람들이 많은 곳이나 통로 등의 공간에서는 통행에 방해가 되지 않도록 목줄을 짧게 잡거나 안고 타는 습관을 들이는 것이 좋습니다.

▎맹견, 사나운 반려견의 경우 입마개 착용하기

동물보호법에 따르면 입마개를 해야 할 맹견으로 지정된 5종은 도사견, 아메리칸 핏불테리어, 아메리칸 스태퍼드셔 테리어, 스태퍼드셔 불테리어, 로트와일러 등과 그 혼혈종의 개입니다. 이렇게 지정된 맹견 외에도 사람을 공격하여 상해를 입힐 가능성이 높은 반려견의 경우, 반드시 입마개를 착용해야 합니다.

배설물 치우기

반려견과 산책을 하거나 외출할 때는 꼭 배변 봉투를 준비하고, 배변하자마자 바로 치워야 합니다. 배변을 치우지 않는 것은 비반려인뿐 아니라 반려인들에게도 피해를 주는 행동이라는 것을 명심해 주세요. 마킹을 자주 하거나 배변 실수를 하는 경우 매너 벨트를 채우는 것을 권장합니다.

반려견과 외출 전 기본 교육하기

개를 좋아하는 사람들도 있지만, 반대로 무서워하는 사람들도 있습니다. 산책이나 외출할 때 어떤 일이 생길지 모르기 때문에, 사전에 기본적인 '앉아', '이리 와', '기다려' 등의 교육을 해 주는 것이 좋습니다. 개를 무서워하는 사람이 지나가는 경우 살짝 비켜나서 기다리며 얌전히 앉아 있을 수 있게 해 주세요.

다른 사람의 반려견을 함부로 만지지 않기

반려인이나 반려견뿐 아니라, 비 반려인에게도 지켜야 할 펫티켓이 있습니다. 반려견들은 반려인이 아닌 낯선 사람이 눈을 마주치거나 자신을 함부로 만지는 것을 불쾌해하거나 공격 신호로 받아들이기도 하므로, 심한 경우 물림 사고까지 발생할 수 있습니다. 따라서 이러한 행동을 최대한 자제하도록 하고, 반려견을 만질 때는 사전에 반려인에게 물어보아 허락받는 것이 좋습니다.

반려인 행동 체크리스트

- ✓ 반려견과 일주일에 몇 번 정도 산책을 하나요?
- ✓ 반려견과 산책하러 나가기 전, 필요한 준비물들을 확인하고 챙겼나요?
- ✓ 반려견과 외출할 때 반려인의 연락처 등이 기록된 인식표를 착용해 주었나요?
- ✓ 반려견이 산책 도중 길에서 아무거나 주워 먹지 않는지 확인하였나요?
- ✓ 산책 도중 반려견이 배변하는 경우, 바로바로 치워주었나요?
- ✓ 반려인과 반려견이 지켜야 할 펫티켓에 대해 얼마나 알고 있나요?

 반려견이 산책을 무서워하는데 어떻게 해야 하나요?

 반려견이 낯선 환경을 무서워하여 산책시키기 어려운 경우, 이에 대한 적응부터 시작해 주어야 합니다. 간식으로 유도하며 반려견이 편안하게 느낄 수 있는 공간에서 시작하여 현관, 현관 앞, 건물 입구 등으로 이동해 주세요. 그리고 짧은 시간 동안 가까운 거리부터 산책하여 적응할 수 있는 시간을 갖도록 해 주세요. 반려견이 적응을 하면 서서히 먼 거리로 산책을 시켜 주면 됩니다.

 **반려견과 산책을 할 때 매일 같은 곳으로 가는 것이 좋을까요?
아니면 새로운 곳을 가는 것이 좋을까요?**

 반려견의 상태에 따라 다릅니다. 기본적으로 산책을 할 때는 새로운 곳을 찾아 조금 지칠 때까지 하는 것이 좋습니다. 하지만 산책할 때 심하게 흥분을 하는 경우, 같은 산책로를 걸으면서 안정적으로 산책하는 방법을 가르치는 것이 좋습니다.

새로운 친구를 만나요

반려견과 산책을 하다 보면 다른 반려견을 만나기도 하고, 낯선 사람들을 만나기도 합니다. 이러한 과정에서 사회화가 되기도 하고, 문제 행동을 하게 되어 주의할 일이 생길 수 있습니다. 산책 중에 발생할 수 있는 여러 가지 상황들에 대비하고 교육을 해 주어, 반려견이 산책 시간을 더욱 즐길 수 있도록 해 주세요.

🐾 다른 반려견을 만났을 때

밖에서 산책하다 보면 다양한 개를 만나게 됩니다. 그중에는 자그마한 강아지도 있고, 비슷한 또래, 크기의 강아지도 있으며 덩치가 큰 대형견도 있을 것입니다. 다른 반려견을 만났을 때 서서히 자연스럽게 친해질 수 있는 여건을 마련해 준다면, 산책과 함께 친구도 사귈 수 있어 더욱 즐거운 산책이 될 것입니다.

산책 중에 낯선 개가 반대편에서 온다면, 반려견을 반려인 바깥쪽으로 둔 상태에서 걸어가도록 합니다. 반려인끼리 스쳐서 지나가다가 반려견이 다른 개에게 관심을 보인다면, 산책 리드줄을 조금 풀어서 자연스럽게 탐색할 수 있도록 해 주세요. 개들은 서로 엉덩이 냄새를 맡으며 탐색하는데, 이를 통해 관심을 가지게 되면 친구가 되기도 하고 각자 제 갈 길을 가기도 합니다.

일곱 번째

하지만 반려견이 다른 개를 보고 심하게 짖거나 달려들 때는 교육을 해 주어야 합니다. 이를 해결하지 않으면 반려인과 반려견 모두 스트레스를 받을 수 있고, 산책을 꺼리게 될 수도 있기 때문입니다. 다른 개를 보고 짖으려고 하면, 가볍게 툭 치면서 반려인 옆으로 살짝 끌어주도록 하세요.

이러한 교육을 통해서 더 이상 짖는 행동을 보이지 않는다면, 간식을 주면서 칭찬해 줍니다. 반려인이 주도권을 가지고 있다는 것을 인식하도록 하고, 반려견이 반려인 옆에 있을 때는 안전하다는 것을 알 수 있게 해 주는 것이 중요합니다.

🐾 낯선 사람을 만났을 때

반려견과 산책을 하다 보면 다른 반려견뿐 아니라 낯선 사람들도 많이 만나게 됩니다. 이때 사회화 교육이 덜 된 반려견의 경우 불안해하며 짖거나 달려들기도 하므로 주의가 필요합니다. 낯선 사람이 반려견을 함부로 만지지 않게 하는 것이 중요하며, 반려견에게는 반려인이 허락한 사람은 경계 대상이 아니라는 것을 아래의 교육을 통해 알려주도록 하세요.

1. 목줄이나 가슴줄을 착용한 상태에서 반려인 옆에서 같이 걸어가도록 해 주세요. 목줄은 항상 팽팽하지 않게 느슨한 상태를 유지하도록 합니다.
2. 반려견이 앞서 나가려고 하면 가볍게 툭 치면서 옆으로 살짝 당겨줍니다.
3. 산책 중 낯선 사람이 멀리서 다가오기 시작하면 일정한 거리를 유지하도록 가드를 해서 막아줍니다.
4. 낯선 사람이 가까이 다가왔을 때는 '앉아'라는 지시어를 내려주세요. 반려견이 '앉아' 자세를 취하지 않으면 억지로 급하게 하지 않고, 여유를 갖고 진행해 주세요.
5. 반려견이 짖지 않고 '앉아' 자세를 유지하면 간식을 주면서 칭찬해 줍니다.

가능하다면 주변 지인에게 도움을 요청하여, 반려인이 아닌 낯선 사람이 간식을 주고 서로 친숙해지는 과정을 가지도록 해 주면 좋습니다. 반려견이 다른 사람에게 조금 적응했거나 관심을 보인다면, 주먹을 가볍게 쥐고 내밀어 냄새를 맡고 탐색을 하게 해 주어 서서히 친숙해지도록 해 주세요.

산책 후 관리도 중요해요

산책을 다녀오게 되면 외부 환경을 돌아다니는 과정에서 반려견에게 이물질이나 진드기 등이 묻게 될 수도 있습니다. 특히 풀이 많은 곳으로 산책하러 갔다면 진드기를 주의하여야 하고, 눈이 오는 겨울이라면 길에 뿌려 둔 염화칼슘 등 때문에 발에 화상을 입지는 않았는지, 반려견의 상태를 꼼꼼하게 체크해 주세요.

🐾 반려견의 발 확인하기

반려견의 발바닥은 걸을 때 충격을 흡수하거나 몸을 보호하는 등 매우 중요한 역할을 하며, 온도나 통증을 느끼기 쉬운 민감한 부분입니다. 따라서 산책에서 돌아오면 반드시 발바닥 확인을 해 주어야 합니다. 반려견의 얼굴과 발을 물수건 등으로 가볍게 닦아 주고, 마른 수건으로 물기를 제거해 줍니다. 발바닥에 물기가 있으면 염증 이나 습진을 유발할 수 있지만, 너무 건조하다면 산책 후에 보습 크림 을 바르는 것도 좋습니다.

🐾 반려견의 털 빗겨주기

반려견의 관절 부위를 가볍게 마사지해 주며 빗질을 해 주세요. 빗질은 피부를 자극하기 때문에 혈액 순환에도 좋고 반려인과 반려견의 유대감 강화에도 도움이 됩니다. 목욕을 시켜주지 않아도, 산책 후에 빗질해 주면 반려견의 기분 전환에도 좋고, 진드기 등을 발견하여 제거해 줄 수도 있으므로, 잊지 말고 해 주도록 합니다.

🐾 수분 보충하기

황사나 미세먼지가 많은 날 등 날씨가 좋지 않은 날에 산책하고 오면 결막염, 각막염, 기관지 관련 질병에 걸리는 경우가 있습니다. 이런 날 산책을 다녀왔다면 평소보다 물을 많이 먹도록 해 주세요. 반려견이 먹을 수 있는 과일이나 채소를 갈아서 물과 함께 섞어 마시게 하면 건강에도 좋고 더욱 잘 먹을 것입니다.

반려인 행동 체크리스트

✓ 반려견이 산책 도중에 다른 반려견이나 낯선 사람을 보고 짖는 경우, 어떻게 대응했나요?
✓ 반려견과 산책을 하면서 돌발상황이 생겼을 때 침착하게 대응하였나요?
✓ 산책을 할 때 반려견의 문제 행동 해결을 위해 어떠한 노력을 했나요?
✓ 산책을 한 후 반려견의 털, 발 관리를 해 주었나요?
✓ 산책을 한 후 반려견의 관절 부위를 마사지해 주었나요?

 반려견이 다른 반려견이나 낯선 사람을 만났을 때 계속 공격성을 보이면 어떻게 해야 하나요?

 일단 목줄이나 리드줄을 짧게 잡아 자리를 피하도록 해 주고, 이후 사회화 훈련을 해 주어야 합니다. 먼 거리에서 다른 개나 낯선 사람을 차분하게 지켜보도록 한 뒤, 조금씩 거리를 줄여 적응할 수 있게 해 주세요. 거리를 두고 지켜보는 과정에서 간식을 조금 주어 반려견이 안정된 상태에서 차분하게 기다릴 수 있도록 해 줍니다.

 반려견과 산책 후 빗질을 하다가 진드기를 발견해서 떼어내었습니다. 병원에 가 보아야 할까요?

 산책 후 빗질을 해 주는 것은 오염이나 질병 등을 방지하는 데 중요합니다. 빗질을 해 주면서 진드기나 벌레 등을 발견하여 제거해 주고, 반려견에게 별다른 증상이 없으면 병원에 가지 않아도 됩니다. 하지만 벌레를 제거하고 상태를 확인하였을 때 붓거나 붉어지는 등의 증상이 있다면 병원에 방문하여 진료를 받아보는 것이 좋습니다.

여덟 번째

삐뽀삐뽀,
반려견의 건강 관리

반려견의 건강을 체크해요

사람은 아프면 스스로 상태를 확인하고 약을 먹거나 병원에 갈 수 있지만, 반려견은 그렇지 않습니다. 따라서 반려견의 몸 상태나 행동을 통해 수시로 건강을 체크해 주는 것이 좋습니다. 집에서 간단하게 해 줄 수 있는 건강 진단 방법을 통해 반려견의 건강 변화를 확인해 보도록 하고, 평소와 많이 다른 모습을 보인다면 동물병원으로 데려가 진찰을 받아보도록 합시다.

🐾 간단하게 반려견 건강 진단 해 보기

▎체온 재기

가장 간단하게 반려견의 건강 상태를 확인하는 방법입니다. 항문에 체온계를 넣어서 측정하면 되는데, 소형견의 경우 3cm 정도 넣으면 되고, 중·대형견은 조금 더 깊이 넣어서 확인하면 됩니다. 반려견이 흥분 상태이거나, 막 산책에서 돌아온 직후라면 체온이 평소보다 높을 수 있으므로 충분히 안정시킨 후 체온을 재는 것이 좋습니다.

▎피부와 털 상태 확인하기

건강한 반려견의 경우 피부가 탄력 있고 매끄러우며, 염증 같은 상처나 비듬, 각질 등이 거의 없습니다. 털은 윤기가 나고 부드러운지, 거꾸로 쓸었을 때 죽은 털이 많이 나오지 않고 깨끗한지 확인해 주세요.

▎얼굴 확인하기

반려견의 얼굴을 수시로 확인하여 눈, 코, 입, 귀에 문제가 없는지 체크해 주세요. 눈은 초롱초롱한지, 코가 촉촉하고 콧물이 나지는 않는지, 귀에서 이물질이나 냄새가 나지는 않는지 확인이 필요합니다. 이에 치석이 많이 끼어 있거나 잇몸 색이 변하지 않았는지도 함께 확인해 주세요.

▎몸 만져주기

평소에 반려견을 자주 쓰다듬어 주게 되면 친밀도도 높아지고, 체형을 파악할 수 있어 건강 이상 증상을 쉽게 발견할 수 있습니다. 반려견의 배, 갈비뼈 주변을 만졌을 때 종양과 같이 튀어나온 부분이 있거나, 살짝 눌렀을 때 불편해한다면 동물병원에 데려가는 것이 좋습니다.

심장 박동수 확인하기

반려견의 건강 상태를 확인할 때 심장 박동수도 관찰하는 것이 좋습니다. 심장 박동수란 1분당 심장이 뛰는 횟수를 의미하는데, 보통 반려견의 뒷다리 허벅지 안쪽이나 왼쪽 가슴 부분에 손을 대어 보면 심장 박동을 느낄 수 있습니다. 평소 건강할 때의 심장 박동수를 미리 체크해 두고 비교해 보며 상태를 확인해 주세요.

견종에 따라 차이가 있으나 일반적으로 1분당 60~180회 정도이며, 소형견이 대형견보다 심장 박동수가 더 높습니다. 안정 상태에서 측정했을 때 평소보다 심장 박동이 불규칙하거나 소리가 다르게 느껴진다면 건강에 이상이 있을 수 있습니다.

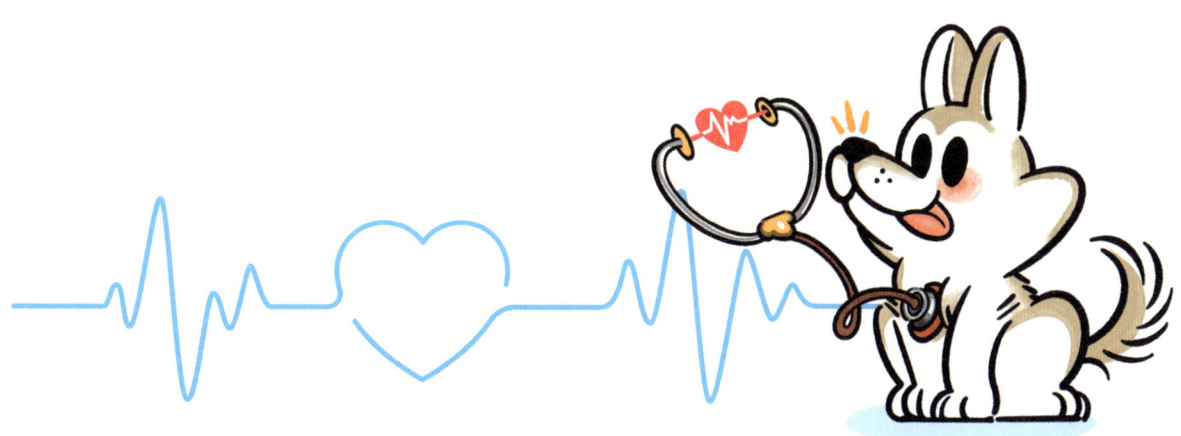

🐾 반려견의 얼굴과 몸 상태로 건강 이상 체크하기

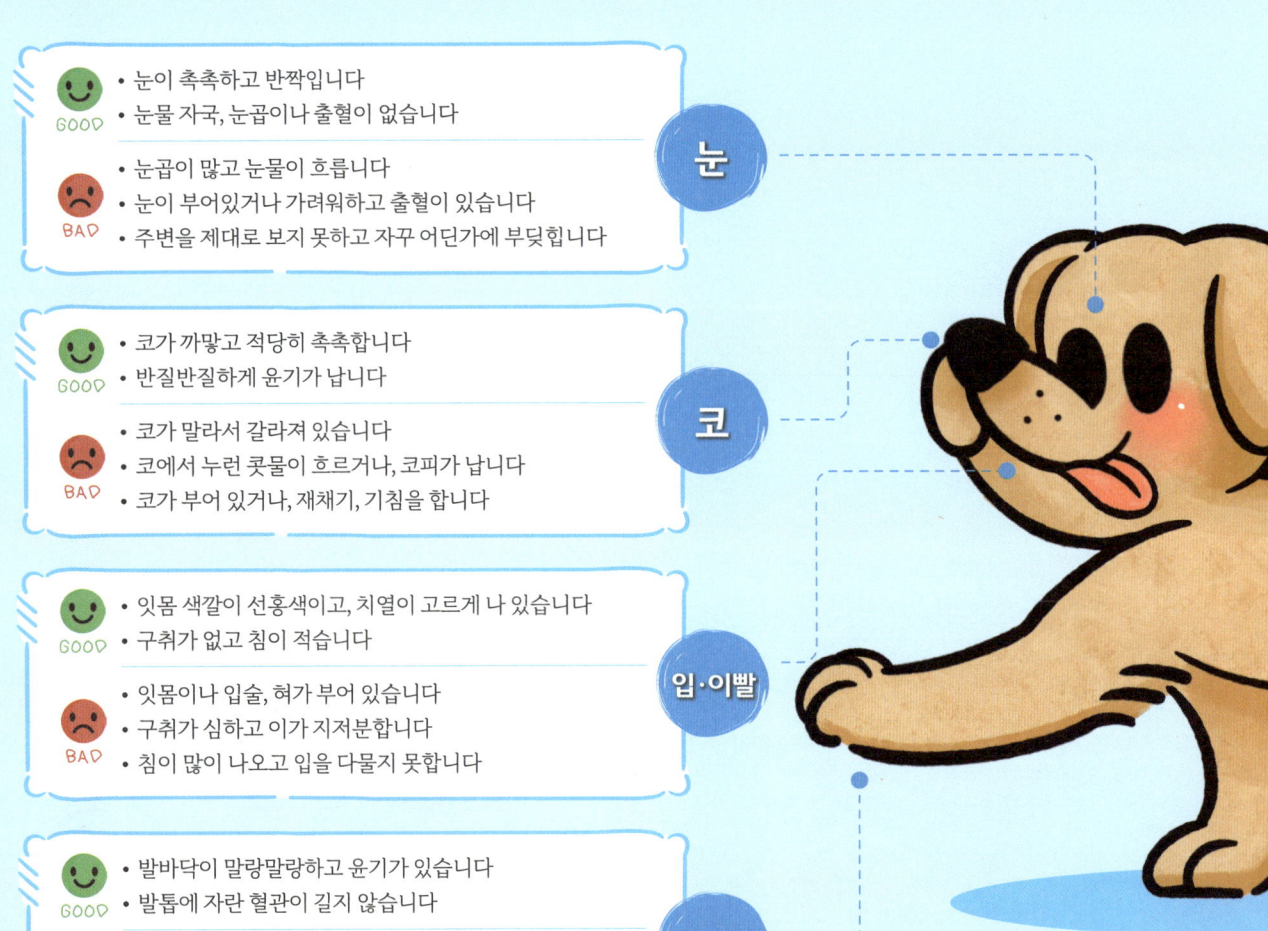

GOOD
- 눈이 촉촉하고 반짝입니다
- 눈물 자국, 눈곱이나 출혈이 없습니다

BAD
- 눈곱이 많고 눈물이 흐릅니다
- 눈이 부어있거나 가려워하고 출혈이 있습니다
- 주변을 제대로 보지 못하고 자꾸 어딘가에 부딪힙니다

눈

GOOD
- 코가 까맣고 적당히 촉촉합니다
- 반질반질하게 윤기가 납니다

BAD
- 코가 말라서 갈라져 있습니다
- 코에서 누런 콧물이 흐르거나, 코피가 납니다
- 코가 부어 있거나, 재채기, 기침을 합니다

코

GOOD
- 잇몸 색깔이 선홍색이고, 치열이 고르게 나 있습니다
- 구취가 없고 침이 적습니다

BAD
- 잇몸이나 입술, 혀가 부어 있습니다
- 구취가 심하고 이가 지저분합니다
- 침이 많이 나오고 입을 다물지 못합니다

입·이빨

GOOD
- 발바닥이 말랑말랑하고 윤기가 있습니다
- 발톱에 자란 혈관이 길지 않습니다

BAD
- 걷는 모습이 어색하거나 걸으려 하지 않습니다
- 발이나 발톱에서 피가 나거나, 발을 자주 핥습니다
- 발바닥 패드가 건조하거나 갈라져 있습니다

발·발톱

여덟 번째

귀

GOOD
- 귀가 늘어져 있지 않고 쫑긋 서 있습니다
- 귓속에서 냄새가 나지 않고 분비물이 없습니다

BAD
- 귓속에 귀지나 고름 등 분비물이 있고, 냄새가 납니다
- 귀를 자주 긁고, 소리를 잘 듣지 못합니다
- 귀가 부어 있고, 귀를 자꾸 흔듭니다

피부·털

GOOD
- 피부가 깨끗하고 비듬이나 각질이 없습니다
- 털에 윤기가 있고, 촘촘하게 나 있습니다

BAD
- 피부가 더럽고 비듬이나 각질이 보입니다
- 털이 군데군데 빠져 있습니다
- 털을 자주 핥고 가려워하며, 냄새가 납니다

항문

GOOD
- 항문이 깨끗하고 냄새가 나지 않습니다
- 항문 주변에 분비물의 흔적이 없습니다
- 대변이 적당히 단단하고 색이 일정합니다
- 소변 색은 노란색이 감돌며 투명합니다

BAD
- 배변 활동이 원활하지 않습니다
- 항문 주변에 설사나 염증 같은 흔적이 있습니다
- 항문을 바닥에 대고 질질 끌고 다닙니다
- 무른 변이나 설사를 하고, 점액이나 피가 보인다
- 소변보는 횟수나 양이 많고 색이 붉거나 탁합니다

비포비포 반려견의 건강관리

🐾 반려견의 행동으로 건강 이상 체크하기

여덟 번째

 반려견이 숨 쉬는 모습을 확인해 보세요!

- • 평소 숨 쉬는 방법과 비교해 보았을 때, 일정한 리듬으로 호흡을 유지합니다

- • 평소보다 호흡이 거칠고 빠르게 느껴집니다
  • 기침을 하거나 숨을 쉴 때 괴로워합니다
  • 숨을 쉴 때 목에서 이상한 소리가 납니다

 반려견의 목소리는 어떤가요?

- • 평소 반려견이 짖거나 우는 목소리와 비교했을 때 차이가 나지 않습니다

- • 짖거나 우는 횟수가 늘어났습니다
  • 쉰 목소리가 나거나 낑낑거립니다
  • 통증을 호소하거나 어리광 부리듯이 웁니다

삐뽀삐뽀 반려견의 건강관리

 반려견의 식욕은 적당한가요?

- • 평소 먹는 식사량에 만족합니다
  • 물을 잘 마십니다
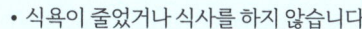
- • 식욕이 줄었거나 식사를 하지 않습니다
  • 식욕이 있는데도 몸이 마릅니다
  • 식사 후 구토를 합니다
  • 물을 너무 많이 마시거나, 마시려 하지 않습니다

 반려견이 걷는 모습은 어떤가요?

- • 힘차게 걷거나 달릴 수 있습니다
  • 다리를 절뚝거리지 않습니다
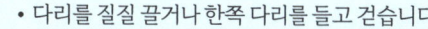
- • 다리를 질질 끌거나 한쪽 다리를 들고 걷습니다
  • 다리에 마비가 있거나 경련 증상이 보입니다
  • 걷지 않거나 다리에 힘이 들어가지 않습니다
  • 똑바로 걷지 못하고 같은 곳을 빙빙 돕니다

반려견의 주요 이상 증상으로 알아보는 예상 질병

눈곱, 눈물, 눈꺼풀 충혈이 있어요 …………… 각막염, 결막염
눈동자가 탁함, 움직이는 것에 반응이 없어요 …… 백내장

콧물이 줄줄 흘러요 ………………… 코감기, 비염
누런 콧물, 피나 고름이 섞인 콧물이 나요 …… 감염증, 부비강염
무색의 끈적이는 콧물이 나요 …………… 종양, 폐렴, 기관지염 등

치석, 잇몸 출혈이 있어요 …………… 치주병, 치조농루
식욕 상실, 구토 증상이 있어요 …………… 신장 장애, 위염
기침을 해요 …………………… 감기, 폐렴(약한 기침), 켄넬코프(심한 기침)
침을 많이 흘리고 경련 증상이 있어요 …………… 약물 중독
식욕이 있고 많이 먹지만 말랐어요 …………… 기생충, 당뇨병

귀를 계속 긁고, 끈적한 고름이 나와요 …………… 외이염
머리를 흔들고 귀가 부어있어요 …………… 귀의 혈종(핏덩어리)
귀나 머리를 만지면 싫어하고 머리를 기울여요 … 중이염
검은 귀지가 있어요 …………………… 귀 진드기

 **피부·털**
머리, 얼굴, 귀 부분 털이 빠져요	개선충증
몸의 털이 좌우 대칭으로 빠져요	갑상선기능저하증, 부신피질기능항진증(쿠싱증후군)
얼굴, 귀, 허벅지 안쪽, 겨드랑이털이 빠져요	아토피성 피부염

 **다리**
다리를 들어 올리거나 질질 끌어요	슬개골 탈구
다리를 들어 올리거나 움직이지 않아요	골절 증상
다리를 끌거나 뒷다리를 모으고 달려요	고관절 형성 부전

 **항문**
소변보는 횟수가 너무 많아요	방광염
소변량이 줄고 배가 부풀어요	요로 폐색
붉은색이나 갈색의 소변을 봐요	방광염, 요도염, 전립선염, 요로결석증 등
대변에서 벌레가 보여요	조충증, 회충증, 구충증
묽은 변, 혈변, 검은 변을 봐요	기생충, 식중독, 출혈성 대장염, 바이러스 감염
설사와 변비를 반복해요	장 종양, 소화기 이상, 감염증

동물병원에 방문해요

동물병원은 반려견이 아플 때만 방문하는 곳이 아닙니다. 초보 반려인은 알 수 없는 증상이나 질병을 발견하게 될 수도 있으므로, 건강해 보이더라도 정기적으로 병원에 방문하여 검진받는 것이 좋습니다.

사람마다 잘 맞는 병원, 잘 맞는 의사 선생님이 있듯이 반려견도 잘 맞는 동물병원을 찾아야 합니다. 치료를 잘하는 것도 중요하지만, 반려인이 반려견을 맡겼을 때 불안하지 않을 수 있는 믿을만한 병원을 찾는 것이 더욱 중요합니다.

🐾 반려견에게 잘 맞는 좋은 동물병원 찾기

동물병원은 어떻게 선택해야 하나요?

가장 먼저 확인해야 하는 것은 집과의 거리입니다. 병원과의 거리가 가까우면 반려견이 아프거나 응급 상황이 되었을 때 신속하게 데려가서 치료할 수 있기 때문입니다. 집 근처에 밤이나 공휴일에도 진료를 보는 병원을 알아 두면 좋습니다.

그리고 청결하고 정리 정돈이 잘 되어 있는지, 시설이 잘 갖추어져 있는지, 진료비는 적절한지, 꼭 필요한 검사나 치료만 하는지도 파악하도록 합시다. 수의사나 간호사가 치료나 검사의 진행 과정에 대해 잘 설명해 주고, 서비스가 친절한 병원이라면 반려견을 양육하며 궁금한 정보들을 물어볼 수 있어 더욱 도움이 됩니다. 직접 병원을 방문하여 상담하거나 진료를 받아본 후, 반려견에게 좋은 동물병원을 선택하도록 합시다.

동물병원에 갈 때, 준비가 필요해요

반려견에게 동물병원은 집과는 다른 낯선 공간입니다. 약품 냄새가 나거나 다른 개들이 많이 있어, 불안해하고 좋지 못한 인상을 가질 수 있습니다. 따라서 평소에 좋아하는 장난감이나 간식 등을 가지고 가서 병원을 두렵지 않은 공간으로 인식하도록 해야 합니다. 그리고 진료를 볼 때 수의사가 반려견의 이곳저곳을 만지게 되기 때문에, 이를 싫어하는 경우 진료가 어려울 수 있습니다. 사람의 손길에 익숙해질 수 있도록 평소에 스킨십이나 마사지 등으로 훈련을 해 두는 것이 좋습니다.

반려견이 아파서 병원에 방문하는 경우, 나타나는 증상들을 반려인이 구체적으로 설명해 주어야 수의사가 적절한 진단과 치료를 할 수 있습니다. 반려견이 평소와 다르게 어떤 증상을 보이는지, 반려 환경에 변화가 있는지, 원인으로 추정되는 것 등 자세한 정보들을 미리 생각해 두었다가 설명하면, 수의사가 빠르게 질병을 진단하고 처치하는 데 도움이 될 것입니다. 구토한 토사물이나 상태가 좋지 않은 대변, 소변 등이 있다면 함께 들고 가는 것도 좋습니다.

🐾 반려견의 예방접종

예방접종은 반려견이 새로운 환경에 어느 정도 적응한 후에, 동물병원의 안내에 따라 시작하는 것이 좋습니다. 반려견의 첫 예방접종은 생후 6~8주가 되었을 때 시작하며, 보통 2주 간격으로 접종합니다. 6차까지 접종을 완료한 이후에는, 매년 항체 검사를 하여 항체가 생기지 않은 꼭 필요한 백신만 추가 접종을 하면 됩니다.

예방접종 이후에는 바로 알레르기 증상이 나타나는지 확인해야 합니다. 눈이나 입 주위가 붓거나, 침을 흘리고 구토, 설사 등의 증상이 나타난다면 꼭 다시 동물병원에 가도록 합니다.

간혹 반려견의 예방접종을 안 하고 넘어가는 반려인들도 있는데, 이러면 질병에 걸렸을 때 항체가 없어 쉽게 낫지 않으며 치사율이 높아지기도 합니다. 따라서 시기에 맞추어 접종해 주는 것이 좋습니다. 또한 예방접종 외에 심장사상충과 기생충 검사도 중요합니다. 심장사상충 접종은 가능하면 매달 하도록 하고, 내외부 기생충 검사 및 접종, 구충제 투여는 수의사와 상담 후 진행하면 됩니다.

반려견 연령별 주요 예방접종

차수 / 반려견의 연령	예방접종 내용
1차 / 생후 6~8주	종합 백신(DHPPL) 1차, 코로나 장염 백신 1차
2차 / 생후 8~10주	종합 백신(DHPPL) 2차, 코로나 장염 백신 2차
3차 / 생후 10~12주	종합 백신(DHPPL) 3차, 켄넬코프(전염성 기관지염) 백신 1차
4차 / 생후 12~14주	종합 백신(DHPPL) 4차, 켄넬코프(전염성 기관지염) 백신 2차
5차 / 생후 14~16주	종합 백신(DHPPL) 5차, 인플루엔자 1차
6차 / 생후 16~18주	종합 백신(DHPPL) 6차, 인플루엔자 2차, 광견병 백신
매년 / 생후 18주 이후	· 1년마다 추가 접종 : 종합 백신(DHPPL), 코로나 장염 백신, 켄넬코프(전염성 기관지염) 백신 · 6~12개월마다 추가 접종 : 광견병 백신

🐾 반려견의 건강검진

반려견도 사람과 마찬가지로, 주기적인 건강검진을 해 주는 것이 좋습니다. 반려견의 건강검진은 유전적, 환경적으로 발생할 수 있는 다양한 질환들을 확인하고, 건강 상태의 기준을 잡는 과정입니다. 따라서 건강검진을 통해 질병의 조기 발견 가능성이 커지므로 치료를 빠르게 할 수 있고, 결과적으로는 반려견의 수명 연장에 도움을 줄 수 있습니다. 특히 반려견의 나이가 5살 이상이 되었다면, 1년에 한 번 이상 정기적으로 검진을 하는 것이 좋습니다. 일반적으로 반려견 건강 검진 항목은 다음과 같습니다.

- 신체검사 : 구강 검진, 심장 청진 검사, 슬개골 촉진, 전반적인 몸 상태 확인
- 혈액 검사 : 신체 기능, 면역력, 빈혈, 혈소판 수치 등 확인
- 소변 검사 : 요단백, 요당, 요산, 비뇨기계 감염 여부 및 출혈 여부 확인
- 엑스레이 촬영(흉부, 복부) : 관절 및 뼈 모양 관찰, 장기 모양 관찰, 심장 건강 확인 등
- 기타 : 초음파 검사, 호르몬 검사, 전해질 검사, 분변 검사, 심장사상충 검사 등

반려견 연령별 주요 검진 내용

반려견의 연령	건강검진 내용
6개월	심장 청진 검사, 항체 검사
6~12개월	구강 검진
1년 이상	귀, 피부, 아토피 검사
2년 이상	구강 검진, 관절 검진
5년 이상	생애 전환기 검사 (안과 검진, 혈액 검사, 혈압 체크, 엑스레이 촬영, 소변 검사, 호르몬 검사)
8년 이상	정밀 건강검진 (안과 검진, 구강 검진, 혈액 검사, 혈압 체크, 엑스레이 촬영, 소변 검사, 초음파 검사, 심전도·심장 초음파 등 심장 검진)

삐뽀삐뽀 반려견의 건강관리

반려견에게 발생하는 주요 질병

반려견들에게도 자주 발생하는 질병이 있습니다. 감기나 가벼운 상처 같은 다소 가벼운 질병부터 빨리 동물병원으로 방문해야 하는 심한 질병들도 있습니다. 주요 질병에 걸렸을 때 나타나는 증상에 대해 파악하고, 이를 예방할 방법을 함께 알아두어 반려견의 건강을 관리해 주도록 합시다.

🐾 눈 관련 질병

┃각막염

주요 증상

각막염은 눈의 각막에 염증이 생기는 질환입니다. 눈에 상처를 입거나, 샴푸나 먼지가 들어가 눈을 비비거나 긁으면서 세균이나 바이러스가 침투하여 발생하기도 하고, 알레르기나 바이러스성 전염병으로 발생하기도 합니다. 주로 가려움이나 통증을 동반하기 때문에 눈 주변을 긁거나 얼굴을 바닥에 문지르는 증상을 보입니다. 심해지면 붓기나 출혈뿐 아니라 각막 궤양, 녹내장 등으로 진행될 수도 있습니다.

예방 및 치료 방법

반려견이 눈을 잘 뜨지 못하고, 눈이나 얼굴 주위를 바닥에 문지른다면, 바로 병원으로 데려가서 진료를 받아보는 것이 좋습니다.

유루증

주요 증상

유루증은 반려견의 눈에서 눈물이 계속 나와 눈 아래쪽 털이 젖어 탈색되고, 냄새가 나는 질병입니다. 주로 눈물샘이 막혀 나타나는 경우가 많지만, 각막이나 결막의 염증으로 인해 발생하기도 합니다. 눈물과 함께 눈곱이 생기기 때문에, 2차적으로 눈 주위에 습진이 생기거나 부어오를 수 있어 주의해야 합니다.

예방 및 치료 방법

평소에 눈 주변 털을 주기적으로 잘라 관리해 주고, 눈 안으로 먼지 등이 들어가지 않도록 해주세요. 반려견에게 유루증 증상이 나타난다면 눈물을 자주 닦아주고, 병원에서 안약을 처방받아 넣어주세요.

백내장

주요 증상

백내장은 눈의 수정체가 흐릿해지는 질병으로, 오래 방치하면 시력을 상실할 수도 있습니다. 노령견에게 많이 발생하며, 그 외에 당뇨병, 상처 등으로 인한 합병증으로 발병하기도 합니다. 백내장에 걸리면 눈과 얼굴을 바닥에 문지르거나, 앞을 제대로 볼 수 없어 잘 걷지 못하고 부딪치거나 넘어지기도 합니다.

예방 및 치료 방법

반려견의 걷는 모습이 이상하거나 눈동자가 흐릿해 보인다면 바로 병원으로 가서 검사해 보는 것이 좋습니다. 백내장은 조기에 발견하게 되면 약물로도 어느 정도 치료가 가능하지만, 심해지게 되면 수술이 필요할 수 있기 때문입니다.

녹내장

주요 증상

녹내장은 안구의 압력이 높아지며 시신경과 혈관을 눌러 눈에 통증과 출혈이 생기는 질병입니다. 눈동자가 풀려 보이고 눈의 통증으로 인해 얼굴 부위를 만지면 싫어할 수 있으며, 구토나 식욕부진이 나타나기도 합니다. 심해지면 안구가 부어오르고, 최악의 경우 시력을 상실할 수도 있습니다. 노령견에게 많이 발생하며, 포도막염이나 백내장에서 진행되어 발병하는 경우도 있습니다.

예방 및 치료 방법

선천적으로 녹내장이 발병하기 쉬운 견종(시츄, 말티즈, 코카스파니엘 등)은 주기적으로 검사를 해 주는 것이 좋습니다. 조기에 발견하게 되면 안약을 처방받아 안구의 압력을 내리는 치료를 할 수 있지만, 심해지면 수술이 필요합니다.

포도막염

주요 증상

포도막염은 홍채, 모양체 등에 염증이 발생하여 손상이 오는 질병입니다. 반려견이 눈을 아파하며 눈곱이나 눈물이 많아지고, 눈꺼풀을 파르르 떨기도 한다면 포도막염에 걸렸을 가능성이 높습니다. 심해지면 출혈이나 망막 박리 등으로 이어지기도 합니다.

예방 및 치료 방법

눈 주변에 상처를 입거나, 염증이 발생하여 발병할 수 있으나 원인이 확실하지 않은 경우가 많습니다. 병원에서 상태를 확인한 후, 소염제나 안약 등을 처방받아 눈에 넣어주는 방법으로 치료합니다.

🐾 귀 관련 질병

외이염

주요 증상

세균, 기생충, 이물질 등 때문에 귀의 외이도에 염증이 생기는 증상으로, 반려견이 걸리는 귓병 중 가장 흔한 질병입니다. 주로 귀가 늘어져 있거나 귓속에 털이 많은 견종에게 많이 발병합니다. 귀를 긁거나, 바닥에 대고 비비기도 하며, 귀 안쪽에서 냄새가 나고 진물이 나온다면 외이염에 걸렸을 가능성이 높습니다.

예방 및 치료 방법

평소에 귀에서 냄새가 나거나 이물질이 없는지 자주 확인해 주세요. 목욕 후 귓속에 물기가 남아있지 않도록 잘 닦아주고, 귀 세정액으로 귀 청소를 해주세요. 증상이 보인다면 초기에 병원에서 치료해야 중이염 등으로 발전하는 것을 막을 수 있습니다.

중이염, 내이염

주요 증상

외이염이 심해지면 귀 고막 안쪽의 중이나, 가장 안쪽의 내이까지 염증이 퍼지게 될 수 있습니다. 중이염과 내이염의 증상은 외이염과 비슷하며 발열과 통증 등이 생기고, 심할 경우 안면이 마비되거나 청각 장애를 일으키기도 합니다. 특히 내이염의 경우 뇌로 연결될 수 있기 때문에 매우 주의해야 합니다.

예방 및 치료 방법

반려견의 귀 청소를 주기적으로 해 주는 것이 우선입니다. 하지만 귀 청소를 한다고 면봉을 사용 하거나 자극을 가하게 되면 오히려 염증이 발생하거나 증상이 심해질 수 있으니 조심해서 관리를 해주는 것이 좋습니다.

🐾 구강 관련 질병

치은염, 치주염

주요 증상

반려견의 구강 위생이 좋지 않아 치석이 쌓이게 되면서 발생하는 질병입니다. 치은염은 초기에 잇몸에 염증이 발생하는 질병이며, 이 염증이 잇몸뼈 주변까지 퍼지게 되면 치주염이 됩니다. 치은염이나 치주염에 걸리면 침을 흘리거나 출혈과 통증 증상이 나타나고, 심할 경우 음식을 먹지 못하기도 합니다. 이러한 구강 질환에서 발생한 염증 물질이 혈관으로 이동하여 다른 장기들에 영향을 미치기도 하므로 반려견의 구강 위생은 아주 중요합니다.

예방 및 치료 방법

초기에는 꼼꼼한 양치와 스케일링, 약물 처방 등으로 관리와 치료를 할 수 있습니다. 양치질은 가능하면 매일, 여건이 되지 않을 경우 최소 2-3일에 한 번 정도는 해 주도록 합니다. 치석이 쌓였을 경우 미리 스케일링을 받도록 하고, 평소에 구강 건강에 도움을 줄 수 있는 장난감이나 간식 등을 활용하는 것도 좋습니다.

🐾 피부 관련 질병

▎아토피성 피부염

주요 증상

아토피는 최근 반려견에게도 많이 발생하고 있는 질병입니다. 먼지, 진드기, 꽃가루 등이 원인이 될 수 있으며, 보통 어린 반려견들에게서 많이 발병됩니다. 가려움증과 함께 피부가 부어오르고 붉어지며, 두드러기가 나기도 합니다. 반려견이 염증이 발생한 부위를 심하게 긁게 되면 출혈이나 고름이 생길 수 있습니다.

예방 및 치료 방법

아토피성 피부염은 예방 및 치료가 쉽지 않습니다. 반려 환경을 청결하게 관리하는 것이 가장 우선적인 방법이며, 사전에 알레르기 검사를 하여 사료나 간식 등을 고를 때 반려견에게 알레르기를 일으키는 성분이 들어있는지 확인하여야 합니다. 산책이나 외출 후에는 발을 깨끗이 닦아주는 습관을 들이도록 하고, 반려견이 몸을 가려워하거나 염증 증상이 보인다면 신속하게 병원에 방문하여 치료하여야 합니다.

▎감염성 피부염

주요 증상

세균, 곰팡이, 그리고 진드기나 벼룩 등의 기생충 등에 감염되어 피부에 염증이 발생하는 질병입니다. 대부분 청결하지 못한 환경이나 호르몬 이상 등의 기저질환에 의해 발병하는 경우가 많습니다. 피부가 붉어지고 가려워하며, 냄새가 나거나 부어오르고 발진이 일어나기도 합니다. 심할 경우 종양으로 이어질 수 있습니다.

예방 및 치료 방법

조기에 발견하면 연고나 살균 효과가 있는 특수 샴푸 등으로도 쉽게 치료할 수 있습니다. 하지만 염증의 정도에 따라 약물 치료를 하거나 감염된 피부 일부를 수술해야 하는 상황도 발생합니다. 따라서 항상 반려 환경을 청결하게 유지하고, 외부 기생충 약을 꾸준히 먹여 감염을 예방해야 합니다.

모낭충증

주요 증상

모낭충증은 작은 진드기인 모낭충이 원인이 되어 발생하는 질병입니다. 얼굴 주변의 털이 조금씩 빠지다가 온몸에 탈모 증상이 나타나며, 심해지면 화농, 출혈 증상과 함께 가려움증이 동반됩니다. 주로 내과 질환이나 호르몬 문제, 영양 불균형 등에 의한 면역력 저하로 발병하는 경우가 많습니다.

예방 및 치료 방법

어린 반려견의 경우 면역력을 높여주면 증상이 나아지는 경우도 있지만, 심한 경우 병원에서 치료받아야 합니다. 평소에 반려견의 면역력에 신경을 써 준다면 모낭충증에 걸리는 것을 예방할 수 있을 것입니다.

🐾 다리, 관절 관련 질병

슬개골 탈구

주요 증상

반려견에게 발생할 수 있는 관절 관련 질환 중 가장 흔한 질병입니다. 선천적으로 관절이 약한 견종에게 발생하는 경우가 많고, 후천적으로는 미끄러운 바닥에서 뛰어다니거나, 높은 곳에서 뛰어내리는 등의 행동으로 무릎 부분의 슬개골 뼈에 문제가 생겨서 발생하게 됩니다. 반려견의 걷는 모습이 평소와 다르고 느릿느릿 움직이거나, 움직이기를 싫어한다면 슬개골 탈구나 관절 질환일 수 있습니다.

예방 및 치료 방법

무릎과 관절에 부담을 주지 않는 것이 우선입니다. 반려견이 생활하는 공간의 바닥이 미끄러운 경우 매트를 깔아주어야 하며, 소파나 침대 등 반려견이 오르내리는 곳에 계단을 설치해 주세요. 그리고 반려견이 뒷다리로 서거나, 점프나 슬라이딩 등의 관절에 무리를 줄 수 있는 행동을 하지 않도록 훈련을 해 주세요. 병원에서 검사 후 슬개골 탈구 진단을 받았다면 보통 수술을 통해 교정하고, 이후에도 꾸준히 검진받으며 관리를 해 주어야 합니다.

관절염

주요 증상

관절의 연골 부위가 닳게 되거나, 염증이 생기는 질병입니다. 보통 노화로 인해 관절에 문제가 생기는 노령견에게서 많이 발생하지만, 골절이나 인대 파열, 혹은 비만 등의 이유로 연골의 소모가 심해질 때도 발생할 수 있습니다. 관절염에 걸리게 되면 걸을 때 절뚝거리거나, 피로해하는 모습을 보이며 잘 움직이려고 하지 않는 경우가 많습니다. 통증을 동반하기 때문에 과민 반응을 보이기도 합니다.

예방 및 치료 방법

관절염을 예방하기 위해서는 비만이 되지 않도록 균형 잡힌 식단으로 체중 조절을 해 주도록 하고, 관절에 무리가 가지 않으면서 근육을 키워주는 수영과 같은 운동을 해 주는 것이 좋습니다. 관절염에 한 번 걸리면 완치가 어렵고 심해지면 수술과 재활 치료까지 진행해야 하므로, 사전에 관리를 잘하는 것이 중요합니다.

여덟 번째 심장 관련 질병

심장사상충

주요 증상

심장사상충은 모기에 의해 감염되는 기생충입니다. 이 기생충은 반려견의 심장과 폐동맥에 기생하면서 문제를 일으키는데, 초기에는 기침으로 시작하여 심해지면 호흡이 거칠어지고 몸이 부어오르며 배에 물이 차기도 합니다. 증상이 심해지면 피를 토하거나 생명에 위협을 줄 수도 있는 위험한 질병입니다.

예방 및 치료 방법

최근에는 여름뿐 아니라 겨울에도 모기가 나타나기 때문에 계절에 상관없이 심장사상충에 대비해야 합니다. 심장사상충은 예방이 가장 중요하기 때문에 반려견이 생후 3개월 이상 되었다면, 매달 약을 투여하고 1년에 1회 심장사상충 검사를 해 주는 것이 좋습니다.

심장병

주요 증상

심장병은 선천적으로 취약한 견종(말티즈, 푸들, 코커스패니얼 등)인 경우, 그리고 노화로 인해 발생하는 경우가 있습니다. 초기에는 목에 무엇인가 걸린 듯한 기침으로 시작되며, 점점 호흡하는 것을 힘들어하고 산책이나 놀이할 때 급격하게 활동량이 떨어지게 됩니다. 증상이 심해지면 심장이 제 기능을 하지 못하여 갑자기 실신하기도 합니다.

예방 및 치료 방법

심장병에 걸리게 되면 초기에는 기능성 영양제로 기능을 보조하고, 다음 단계로 진행되면 심장약을 투여해야 하며, 병이 심해지면 여러 가지 약과 치료를 병행하는 상황이 발생할 수도 있습니다. 심장병은 완치가 힘들기 때문에, 조기에 발견하여 치료 및 관리를 해 주어야 반려견의 수명 연장에 도움이 됩니다. 따라서 예방을 위해 사전에 관리해 주는 것이 좋습니다. 염분기를 뺀, 소화가 잘되는 음식을 주는 것이 좋고, 반려견이 비만이 되지 않도록 합니다. 코엔자임 Q10, 비타민 E와 같은 항산화제 및 오메가3 등의 영양제를 급여하는 것도 심장병의 예방, 관리에 도움이 됩니다.

🐾 호르몬 관련 질병

당뇨병

주요 증상

당뇨병은 인슐린 분비에 장애가 생겨, 혈당의 수치가 높아지는 질병으로, 완치가 어렵고 합병증의 위험도 큽니다. 유전적인 원인으로 발병하거나, 비만이나 췌장염 등이 원인이 되기도 합니다. 당뇨병에 걸리면 물 마시는 양이 갑자기 늘어나고, 소변량도 많아집니다. 식사량도 늘지만, 오히려 체중은 줄어들고 눈동자가 뿌옇게 변합니다. 증상이 심해지면 구토, 식욕 저하와 함께 혼수상태에 빠지기도 합니다.

예방 및 치료 방법

반려견이 비만이 되지 않도록 관리해 주는 것이 제일 중요합니다. 섬유질이 많은 신선한 음식을 먹이도록 하고, 산책과 운동도 꾸준히 시켜주세요. 반려견에게 당뇨병 증상이 보인다면 병원에서 혈액 검사와 소변 검사를 해 보고, 인슐린을 투여하여 혈당을 조절해 주어야 합니다.

갑상선기능저하증

주요 증상

갑상선기능저하증은 반려견에게 가장 흔하게 나타나는 호르몬 관련 질환입니다. 갑상선에 염증이 생기거나 요오드 결핍, 수술 후의 후유증, 유전적인 원인 등으로 발병하게 됩니다. 대표적인 증상은 탈모와 피부 질환으로, 털에 윤기가 사라져 푸석거리고 비듬도 생기게 됩니다. 그리고 기초대사량이 떨어져서 조금만 먹어도 살이 찌고, 움직임과 반응도 느려지게 됩니다.

예방 및 치료 방법

갑상선기능저하증은 조기에 발견하여 치료하면 이후에 문제가 생길 확률이 적기 때문에 증세를 빨리 파악하여 병원에서 진료받도록 해야 합니다.

부신피질기능항진증 (쿠싱증후군)

주요 증상

신장의 부신에서 코르티솔이라는 호르몬이 과다 분비되어 발생하는 질병입니다. 주로 뇌하수체 이상, 부신의 종양, 피부병 치료 등으로 스테로이드제를 장기간 투여 시 부작용으로 발병하게 됩니다. 이 질병에 걸리게 되면 반려견이 밥을 많이 먹지 않아도 갑자기 체중이 늘고 배가 불룩해지며, 허기를 자주 느끼게 됩니다. 피부가 얇아지고 색이 변하기도 하며, 조금만 움직여도 호흡을 가쁘게 하는 증상이 나타납니다.

예방 및 치료 방법

부신피질기능항진증은 별도의 예방법이 없으며, 호르몬 질환이기 때문에 언제 어떻게 발병할지 알 수 없습니다. 따라서 7세 이상의 노령견인 경우 정기적인 검진 및 식사량 조절로 관리를 해 주어야 합니다.

🐾 신경계 관련 질병

▍치매 (인지 기능 장애)

주요 증상

치매의 원인은 정확히 밝혀진 바가 없지만, 노화로 인해 뇌신경에 변화가 생기며, 뇌 기능 저하 증상이 나타나는 것이 대부분입니다. 노령견에게 나타나는 질병으로, 빨리 나타나면 약 7-8세부터 발병할 수 있습니다. 치매에 걸리게 되면 반려인이 불러도 반응하지 않거나, 허공을 바라보며 짖으며, 배변 실수가 잦아지기도 합니다. 그리고 계속해서 빙빙 돌거나 부딪히는 등 공간 지각 능력이 떨어지는 증상이 나타날 수 있습니다.

예방 및 치료 방법

치매는 완치가 불가능한 질병이지만, 치료를 통해 증상을 완화하고 질환이 진행되는 것을 더디게 할 수는 있습니다. 병원의 치료와 더불어, 항산화제 성분이 들어간 영양제를 급여하거나 머리를 쓸 수 있는 장난감으로 함께 놀아준다면 치매 진행을 늦추는 데 조금 더 도움이 될 수 있습니다.

▍발작 증상

주요 증상

발작 증상이 일어나는 원인은 유전, 알레르기와 같은 선천적인 요인과 독소 감염, 간이나 뇌에 문제가 있는 경우 등 후천적인 요인 등 다양합니다. 전신에 발작이 일어나면 몸이 굳고, 경련이 일어나게 되며, 부분적으로 근육이 떨리거나 환청, 환각 증상 등이 나타나기도 합니다.

예방 및 치료 방법

반려견에게 발작 증상이 보인다고 반려인이 당황해서는 안 됩니다. 반려견이 흥분하여 공격성을 보일 수도 있기 때문에 잠시 거리를 두고 주변을 치워주어 안전한 환경을 만들어 줍니다. 거품을 물거나 침을 계속 흘린다면 입을 닦아주고, 어느 정도 증상이 진정되면 병원으로 데리고 가서 검사 후 처치를 받도록 합니다.

마비 증상

주요 증상

반려견에게 마비 증상이 오는 원인은 진드기의 독소나 바이러스 감염, 디스크 질환, 뇌졸중, 종양이나 혈전, 그리고 불시에 발생하는 외상 등 여러 가지가 있습니다. 몸 전체, 혹은 일부분을 움직이지 못하게 되기 때문에 바로 동물병원으로 데려가 적절한 치료를 받아야 합니다.

예방 및 치료 방법

최우선으로 할 것은 반려견의 움직임을 최소화하는 것입니다. 마비가 온 부위를 움직이지 않게 보조해 주도록 하며, 안거나 들지 않고 판자 등에 올려서 병원으로 데려가야 합니다. 마비는 갑작스럽게 발생하기 때문에 예방할 방법은 따로 없고, 발생 시 대처가 가장 중요합니다.

여덟 번째

🐾 암

피부암 (종양)

주요 증상

피부에 종양이 생기는 질병으로, 햇빛에 너무 오래 노출되었거나, 화학물질의 독성, 만성 염증 등으로 인해 발병하게 됩니다. 양성 종양의 경우 증상이 미미할 수 있지만, 악성 종양인 비만세포종, 흑색종, 구강 종양 등은 빠르게 퍼지기 때문에 치료가 시급합니다. 피부암에 걸리면 음식을 삼키는 것을 힘들어하여 체중이 줄어들고, 구토, 설사, 기침과 함께 탈모, 출혈 등의 증상도 나타납니다.

예방 및 치료 방법

선천적으로 피부암에 취약한 견종의 경우, 주기적으로 검진을 받아 관리하는 것이 좋으며 햇빛이 너무 강한 시간대의 외출은 하지 않는 것이 좋습니다. 피부암이 발병하여 병원에 방문하게 되면 수술을 통한 제거나 화학적 요법, 혹은 방사선 요법 등을 활용하여 치료하게 됩니다.

악성 림프종

주요 증상

악성 림프종도 반려견에게 많이 발병하는 질환입니다. 주로 목 근처의 림프절에 종양이 생기는 형태로 발병이 되는데, 심해지면 다른 곳으로 전이되기도 합니다. 식욕이 떨어지고, 설사와 구토를 하게 되며 무기력한 증상이 나타나게 됩니다.

예방 및 치료 방법

악성 림프종의 경우 조기에 발견하면 치료에 많은 도움이 됩니다. 평소에 반려견의 몸 이곳저곳을 만져주며 평소에는 없었던 멍울이 느껴지는지 확인하고, 멍울이 있으면 바로 병원으로 가서 검진과 치료를 받는 것이 좋습니다. 선천적으로 발병률이 높은 견종이라면 더욱 주의하여 관찰하여야 합니다.

위험한 상황에 필요한 응급처치법

반려견을 키우다 보면 갑작스럽게 상황이 발생하여 상처를 입을 수도 있고, 사고가 발생하기도 합니다. 이러한 돌발 상황에서 반려인이 당황하여 허둥지둥하다 보면, 반려견 또한 흥분하여 공격성을 보이거나 상태가 더욱 나빠질 수도 있습니다. 반려견이 의식이 있는지, 호흡은 제대로 하는지, 체온이 떨어지고 있지는 않은지, 침착하게 상태를 파악하는 것이 가장 중요합니다. 이후 적절한 응급처치를 하여 신속하고 안전하게 병원으로 데려가야 더 큰 사고로 이어지지 않을 수 있습니다. 이를 위해 미리 가정에 준비해 두면 좋은 비상약, 처치를 위한 용품들을 담은 구급상자를 만드는 방법과, 위급한 상황에서 반려인이 할 수 있는 빠르고 간단한 응급처치 방법들을 알아보겠습니다.

🐾 반려견용 구급상자 준비하기

반려인이 반려견의 부상을 직접 치료할 수는 없습니다. 하지만 동물병원에 방문하기 전 가벼운 질환에 대응하거나, 위급한 상황이 생겼을 때 바로 꺼내서 처치를 할 수 있도록 미리 반려견용 구급상자를 준비해 두는 것이 좋습니다.

반려견을 위한 비상약으로 기침, 콧물 증상에 먹을 수 있는 감기약, 설사약, 항생제가 들어간 안약과 멸균 생리식염수, 소독제, 화상 및 가벼운 염증에 바를 수 있는 연고 등을 미리 갖춰 두는 것이 좋습니다. 그 외에도 디지털 체온계나 반려동물 전용 체온계, 의료용 가위와 핀셋, 신축성이 있는 붕대, 거즈, 솜, 크기별 반창고, 주사기 등의 응급 처치 용품들을 모아 구급상자를 만들고, 필요할 때 빨리 찾을 수 있는 곳에 두도록 합시다.

🐾 상황별 응급처치 방법

▎다쳤을 때 보정을 해요

반려견이 상처를 입거나 사고를 당했을 때 안거나 들어서 이동하면, 골절이나 부상의 상태가 더욱 악화될 수도 있습니다. 반드시 나무나 플라스틱 등으로 된 넓은 판 형태의 물건 위에 수건이나 이불을 깔아 간이 들것을 만들고, 여기에 반려견을 올려 수건이나 끈 등으로 움직이지 않도록 고정하여 이동시켜야 합니다.

▎상처가 생겨서 피가 나요

반려견의 몸에 상처가 생겨 출혈이 있는 경우에는 소독약으로 바로 처치해 주어야 합니다. 상처 부위가 더러운 경우에는 식염수나 흐르는 물로 살살 씻어준 후 소독약을 발라주고, 깨끗한 수건으로 눌러 지혈을 해 주도록 합니다. 이후 물을 적신 거즈를 덮고 탄력이 있는 붕대로 살살 감아준 상태로 병원에 가도록 합시다.

▎이물질을 삼켰어요

반려견이 뼈나 큰 덩어리 등의 이물질을 삼키게 되면 내부 장기에 상처를 낼 수 있기 때문에, 우선 입을 벌리고 목 안쪽을 살펴보아야 합니다. 이물질이 기도에 걸려있는 경우, 뒷다리를 잡고 머리를 아래로 가도록 들어주면 대부분 빠져나옵니다. 이물질이 계속 나오지 않을 때는 하임리히 구명법을 시도해야 합니다. 반려인이 반려견을 뒤쪽에서 안은 상태에서 손을 갈비뼈 아래에 두고, 4~5회 정도 빠르게 눌러주세요. 이물질이 아직 남아 있다면 다시 반복하도록 합니다. 만약 처치가 어려우면 최대한 빠르게 병원으로 이동하는 것이 가장 좋습니다.

이외에 반려견이 독성이 있는 액체류나 양파, 포도 등 먹으면 안 되는 음식을 먹었다면 최대한 빨리 구토를 하게 한 후, 바르게 병원으로 데려가 주세요.

▎눈, 귀로 이물질이 들어갔어요

반려견의 눈이나 귀로 샴푸나 다른 화학물질 등이 들어가는 경우가 있습니다. 눈에 들어간 경우, 깨끗한 물이나 생리식염수로 5분 정도 씻어내 주면 됩니다. 귀에 들어간 경우에는 깨끗한 물이나 생리식염수를 귀 안에 충분히 부어준 후 살살 주물러서 세정을 해주고 다시 흘려보내면 어느 정도 이물질이 제거됩니다. 하지만 이후에도 불편해한다면 병원에 방문해야 합니다.

눈알이 튀어나왔어요

눈알이 튀어나온 경우 시력이 손상되거나 합병증으로 이어지는 것을 막기 위해 최대한 빨리 넣어주어야 합니다. 병원에 갈 때까지 시간이 걸리는 경우, 생리식염수로 계속 씻어주거나 생리식염수에 충분히 적신 솜을 대어 눈이 건조해지지 않도록 해주세요. 그리고 반려견이 눈 부위를 만지지 않게 해주어야 합니다.

발톱이 부러졌어요

발톱을 잘라주다가 잘못하여 혈관까지 건드려 피가 나는 경우가 있습니다. 이럴 때는 깨끗한 거즈로 출혈 부위를 5분 정도 꾹 눌러주면 지혈이 됩니다. 계속해서 피가 날 경우에는 병원에 가서 치료받는 것이 좋습니다.

타박상을 입었어요

반려견이 부딪치거나 넘어져서, 혹은 무엇을 맞아서 타박상을 입은 경우 해당 부위를 자꾸 감싸는 행동을 보일 것입니다. 다친 부위를 만져보아 부은 느낌이 든다면, 찬물이나 얼음주머니로 식혀주도록 합니다. 머리 부분에 타박상을 입어 걷는 모습이 이상하거나, 움직이지 않는 경우 위험할 수 있으니 최대한 움직이지 않도록 고정하여 병원으로 데려가야 합니다.

골절이나 탈구가 됐어요

반려견이 골절이나 탈구 증상이 있을 때 제일 먼저 해야 하는 것은 해당 부위를 고정하는 것입니다. 다친 부위를 수건이나 거즈로 감싸 보호하고, 판이나 두꺼운 종이 등으로 부목을 만들어 받쳐준 후 붕대로 고정해 주세요. 부상 후 반려견이 움직이게 되면 2차 부상의 위험이 있으므로, 절대 안거나 들어 올려서는 안 됩니다.

화상을 입었어요

가벼운 화상이라면 찬물에 화상 부위를 담그거나 흐르는 물로 식혀주면 됩니다. 하지만 다소 심하게 화상을 입었을 경우 부위에 거즈를 대고 붕대로 감은 후 바로 병원에 가는 것이 좋습니다. 약품이나 화학물질 등에 의한 화상일 경우, 해당 물질을 깨끗한 물로 씻어내고 거즈와 붕대로 보정해 주세요.

열사병에 걸렸어요

반려견은 땀을 통해 체온 조절을 할 수 없기 때문에, 짧은 시간에도 열사병에 걸릴 수 있습니다. 따라서 더운 환경에 노출되었을 때 거칠게 숨을 쉬고 침을 계속 흘린다면 열사병일 확률이 높습니다. 이러한 증상이 보인다면 바로 시원한 그늘로 옮기고, 찬물이나 얼음주머니 등으로 심장에서 먼 쪽부터 몸을 식혀준 후, 물을 먹여 상태가 나아지는지 확인합니다. 경련 등이 있을 경우 바로 병원으로 가야 합니다.

저체온증이 왔어요

저체온증은 어린 반려견, 노령견 등이 추운 환경에 오래 노출되는 경우 발생할 수 있습니다. 담요나 수건 등으로 반려견을 감싼 후, 헤어드라이어나 난방기구 등으로 심장에서 먼 쪽부터 몸을 덥혀주세요. 뜨거운 바람이 몸에 직접 닿으면 화상의 우려가 있으니 주의해 주세요.

발작, 경련을 일으켜요

반려견이 발작이나 경련을 일으킨다면 강한 햇빛이나 시끄러운 소리 등 자극이 될 수 있는 요소들을 최대한 없애 주고, 주위에 위험한 물건들을 치워 2차 부상으로 이어지지 않도록 해 주세요. 갑자기 혀를 깨물지 않도록 둘둘 만 수건 등을 물려주는 것이 좋은데, 이때 반려견이 갑자기 공격성을 보일 수도 있으니 주의해야 합니다. 반려견이 조금 안정을 찾으면 병원에 데리고 가서 검진받도록 합니다.

벌레에 물리거나 뱀에 쏘였어요

벌이나 기타 독충에 물리거나 뱀에 쏘였다면 먼저 상처 부위를 확인해 주세요. 침이나 촉수 등 박혀 있는 것이 있다면 빼 주고, 깨끗한 물로 씻어준 뒤 얼음주머니 등으로 환부를 식혀주도록 합니다. 이후 다른 부위로 독이 퍼지지 않도록 붕대로 감아주세요.

전기에 감전이 되었어요

반려견이 감전되어 쓰러졌다면, 다가가서 만져서는 안 됩니다. 전기가 통하지 않는 고무장갑 등을 착용한 후 호흡을 하는지, 화상이 있는지 확인하고 병원으로 데려가 주세요.

반려견 인공호흡과 심장 마사지

반려견이 숨을 쉬지 않을 경우 인공호흡을 해 주어야 합니다. 반려견을 옆으로 눕힌 뒤 심장이 뛰는지 확인해 주세요. 입을 벌려 이물질이나 침, 피 등을 깨끗한 수건으로 닦아주고 혀를 잡고 빼내어 기도를 확보해 준 뒤, 다시 입을 닫고 콧구멍 부분으로 숨을 불어넣어 줍니다. 이때 반려견의 가슴이 부풀어 오르는지 확인하고, 입을 열어 공기가 다시 빠져나오도록 합니다. 인공호흡은 3~5초에 1회 정도 하는 것이 적당하며, 반려견 스스로 호흡이 가능해질 때까지 숨을 불어넣고 빼는 것을 반복하도록 합니다.

반려견의 가슴 부분에 귀나 손을 대 보았을 때 심장 소리나 박동이 느껴지지 않는다면, 심장 마사지를 해 주어야 합니다. 반려견을 옆으로 눕히고 입을 벌려 이물질, 침, 피 등을 닦아준 뒤 혀를 잡고 빼내어 기도를 확보해 주세요. 이후 반려견의 왼쪽 심장 부분을 1초에 1회 정도 간격으로 손바닥으로 눌러 심장 마사지를 해 줍니다. 10회를 하고 나면 인공호흡을 해 주고, 가슴이 부풀어 올랐다면 다시 심장 마사지를 해 주면서 심장 박동이 돌아오는지 확인해 주세요.

반려견 응급 상황 시 체크할 점

- ✓ 상처를 입은 부위는 어디인가요? 다른 부위를 만졌을 때 아파하는 부분이 더 있나요?
- ✓ 호흡을 제대로 하고 있나요?
- ✓ 숨을 쉴 때 가래가 끓는 듯한 소리가 들리나요?
- ✓ 심박수와 맥박수가 정상 범위에 있나요?
- ✓ 반려견이 반려인이나 다른 사물들을 인지할 수 있는 상태인가요?
- ✓ 눈이 뒤집히거나 눈동자 색상에 문제는 없나요? 잇몸이나 혀 색이 변했나요?

삐뽀삐뽀 반려견의 건강관리

부록

반려견 견종별 정보

다양한 반려견에 대해 알아보아요

2022년 반려동물 보호 및 복지 실태 조사 결과에 따르면 현재 우리나라의 등록 반려견 숫자가 300만 마리를 넘었다고 합니다. 점점 많은 사람들이 반려견과 함께 살아가고 있으며, 반려인의 성향과 환경에 따라 다양한 견종을 키우고 있습니다.

최근 반려견 가구에서 선호하는 견종은 말티즈, 푸들, 포메라니안, 믹스견, 치와와, 시츄 순으로 조사되었습니다. 아파트나 다세대 주택 등에 거주하는 경우 크기가 작은 반려견 선호도가 높지만, 단독 주택에 거주하는 경우 활동량이 다소 높고 크기가 큰 중·대형견의 선호도가 높은 편입니다. (*출처 : 2021 한국 반려동물보고서, KB금융지주 경영연구소)

현재 전 세계에는 400여 종의 품종이 있는 것으로 있으며, 품종마다 유전적인 특성이나 성격이 다릅니다. 여기에서는 수많은 품종 중 선호도가 높은 견종 및 반려 가구에서 많이 양육하는 품종들을 선정하여 수록하였습니다. 하지만 품종별 특징은 선천적으로 나타나는 기질로 절대적이지는 않으며, 반려인의 노력에 따라 달라질 수 있다는 점을 기억해 주세요.

반려견 그룹별 특징
(미국 애견협회 AKC 기준 분류)

작고 귀여운 반려견들이 모인
토이 그룹
- 크기가 작고 귀엽습니다.
- 애교가 많고 반려인을 잘 따릅니다.
- 활동량이 비교적 적습니다.
- 실내에게 키우기 적당합니다.

땅 파기를 좋아하는 사냥견
테리어 그룹
- 작은 동물을 사냥하던 견종입니다.
- 땅 파기를 좋아하고, 용맹합니다.
- 민첩하고 활동량이 많습니다.
- 사나운 품종도 있어 훈련이 필수입니다.

운동량이 많은
하운드 그룹
- 포유동물을 사냥하던 견종입니다.
- 체구가 다부지고 늘씬한 편입니다.
- 후각과 시각이 뛰어납니다.
- 활동량이 많습니다.

영리하고 활동적인 수렵견
스포팅 그룹
- 조류 사냥을 하던 견종입니다.
- 날렵하고 민첩한 편입니다.
- 친화력이 강하고 순종적입니다.
- 활동량이 많습니다.

커다란 체구와 강한 힘을 가진
워킹 그룹
- 사람을 도와 일을 하던 견종입니다.
- 힘이 세며 참을성이 있습니다.
- 훈련과 교육이 필수적입니다.
- 활동량이 아주 많습니다.

가축을 돌보던 목양견
허딩 그룹
- 가축을 지키고 몰던 목양견입니다.
- 체구가 다부지고 튼튼한 편입니다.
- 다재다능하고 영리합니다.
- 활동량이 아주 많습니다.

* 논 스포팅 그룹
- 위의 6가지 그룹에 포함되지 않는 경우, 이 그룹으로 분류됩니다.
- 견종 별로 다양하고 개성이 넘치며, 뛰어난 능력을 갖추고 있습니다.

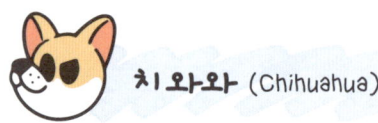 ## 치와와 (Chihuahua)

구분	소형견 / 토이 그룹	성견 표준 체고·체중	체고 16~22cm / 체중 1~3kg

치와와는 세계에서 가장 작은 품종으로 알려져 있습니다. 어릴 때뿐만 아니라 성견이 되어서도 몸집이 작습니다.

초롱초롱하고 살짝 튀어나온 듯한 눈과 쫑긋한 귀, 사과 모양 머리 등 귀여운 외모가 특징적이며 작은 몸에 비해 근육이 탄탄합니다.

일반적으로 털이 짧고 매끈한 단모 치와와가 많지만, 털이 긴 장모 치와와도 있습니다. 털 색깔은 갈색, 블랙 탄, 흰색 등 다양하며 부드럽고 빽빽한 털을 가지고 있지만 털 빠짐은 적은 편입니다.

고집이 많고 예민한 편으로, 공격성이 있어 잘 짖습니다. 그리고 작은 몸집에 비하여 용감하고 겁이 없기 때문에, 자신보다 몸집이 몇 배나 큰 견종에도 지지 않고 덤비기도 합니다. 따라서 어릴 때부터 다양한 놀이와 훈련, 다른 반려견과 어울릴 기회를 가지며 사회화 훈련을 하는 것이 좋습니다. 에너지가 넘치고 움직임이 빠르며 민첩하지만, 운동량이 너무 많을 경우 쉽게 지칠 수 있어 주의해야 합니다.

주요 질병 정보

- 눈이 다소 튀어나와 있기 때문에 각막염, 녹내장 등의 안구 관련 질환에 주의해야 합니다.
- 턱이 작아 치아가 자랄 공간이 부족할 수 있어, 부정교합이나 치주 질환에 걸릴 수 있습니다.
- 체구가 작기 때문에, 조금만 체중이 늘어도 몸에 부담이 되고 비만이 올 수 있습니다.
  이는 소형견의 대표적인 질병인 슬개골 탈구 등의 관절 질환으로도 이어질 수 있으니 체중 관리에 신경 써주세요.
- 사료를 먹이는 간격이 길어지면 저혈당이 나타날 수 있으니 주의해야 합니다.

 ## 포메라니안 (Pomeranian)

구분	소형견 / 토이 그룹	성견 표준 체고·체중	체고 28cm 이하 / 체중 1.8~2.7kg

포메라니안은 스피츠 계열의 품종으로, 몸의 크기는 작지만 용맹하고 대담한 성격은 그대로 물려받았습니다.

주둥이가 짧고 귀가 뾰족한 여우같이 생긴 얼굴에 풍성한 털을 가지고 있어 작은 곰이나 사자같이 보이기도 합니다.

털은 주황색, 흰색, 갈색 등이 많으며, 최근에는 블랙 계열의 포메라니안도 인기가 많습니다. 털의 숱이 많으며, 겉 털이 길고 속 털은 짧은 이중 털로 되어있어 털 빠짐이 심한 편입니다. 털이 엉키지 않도록 매일 빗질을 해 주어야 하고, 주기적으로 미용을 받아 털 관리를 해 주어야 합니다.

밝고 명랑하며 영리하지만, 다소 성질이 급하고 흥분을 할 수 있습니다. 호기심이 많으나 낯선 사람이나 다른 개에 대한 경계심과 공격성이 강하기 때문에 심하게 짖을 수 있습니다. 따라서 어릴 때부터 사회화 훈련을 해 주는 것이 좋습니다. 그리고 나이가 들면서 비만이 올 수 있으므로 적절한 운동량을 채워주어야 합니다.

주요 질병 정보

- 뼈가 가늘고 약하며 관절이 좋지 않기 때문에 슬개골 탈구, 관절 질환에 유의해야 합니다.
- 소형견에게 자주 발생하는 기관 허탈 질환에 걸리기 쉽습니다.
  산책 및 외출 시 목줄보다는 하네스를 사용하여 목 부분을 보호해 주세요.
- 비만이 되면 호흡 곤란 등의 증상이 생길 수 있으니 체중 관리는 필수입니다.
- 더위와 습기에 취약하기 때문에 주변 환경을 시원하게 해 주어야 합니다.

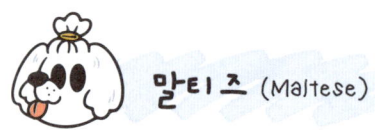
말티즈 (Maltese)

구분	소형견 / 토이 그룹	성견 표준 체고·체중	체고 20~26cm / 체중 2~3kg

말티즈는 세계에서 가장 오래된 품종 중 하나로, 사람과 오랜 시간을 함께 살아온 견종으로, 강아지계의 귀족으로 불립니다.

새하얀 털과 새까맣고 동그란 눈이 돋보이는 외모를 가지고 있습니다. 어릴 때는 몽글몽글한 털을 가지고 있다가 나이를 먹을수록 비단같이 부드러운 긴 털로 바뀌게 되는데, 긴 털들이 엉키지 않도록 매일 부드럽게 빗질하며 관리를 잘해주어야 합니다. 털 빠짐이 다소 있기는 하지만, 속 털이 없기 때문에 털갈이 걱정은 적은 편입니다.

성격은 밝고 다정하며, 에너지가 넘치고 활발합니다. 체구는 작지만 당당하고 자신감이 넘치며, 혼자 있는 것을 좋아하지 않아서 다소 어리광이 있을 수 있습니다.

소형견이기 때문에 운동량이 많지는 않지만, 심하게 짖는 경우 활동량을 늘려주는 것이 좋습니다. 지능이 높기 때문에 머리를 쓸 수 있는 놀이를 해 주면 좋습니다.

주요 질병 정보

- 눈물샘이 막히면서 눈 주위에 눈물 자국이 생기는 유루증에 걸릴 수 있습니다.
- 치주 질환에 약하기 때문에 양치질에 신경을 써 주어야 합니다.
- 귀가 긴 털로 덮여 있어 귓병에 걸릴 위험이 높으니, 주기적으로 귀 청소를 해주어야 합니다.
- 심장 판막의 문제로 심장 질환에 걸릴 수 있으니, 주기적으로 심장 검진을 해주세요.
- 알레르기에 취약한 견종이기 때문에 음식과 환경에 주의하는 것이 좋습니다.

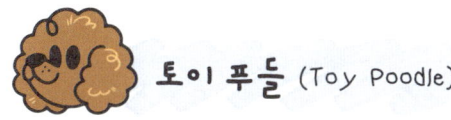
토이 푸들 (Toy Poodle)

구분	소형견 / 토이 그룹	성견 표준 체고·체중	체고 26cm 이하 / 체중 2~3kg

푸들은 원래 물새를 사냥하던 조렵견으로, 온순하지만 충성도가 높고 활동량이 많은 견종입니다.

중형견인 스탠더드 푸들, 이후 교배를 통해 소형화된 미니어처 푸들, 토이 푸들로 나눌 수 있습니다. 종류에 따라 크기가 다르지만 같은 품종으로 간주합니다.

털은 주로 흰색, 검은색, 갈색 등이 있으며, 파마한 듯 곱슬곱슬하게 꼬여 있기 때문에 털이 뭉칠 수 있으므로 매일 빗질을 해 주는 것이 좋습니다. 하지만 털이 잘 빠지지 않고 속 털이 거의 없기 때문에 반려견의 털 날림에 민감하거나 털 알레르기가 걱정되는 사람들에게 적합합니다.

눈치가 바르고 영리하기 때문에 훈련을 시킬 경우 금방 배우는 편입니다. 발랄한 성격을 가지고 있으며, 운동신경과 신체 균형이 뛰어납니다. 사람을 잘 따르고, 활동량이 많은 견종이기 때문에 오랫동안 집에 혼자 두게 되면 분리 불안 등의 이상 행동을 보일 수 있습니다.

주요 질병 정보

- 눈물샘 막힘으로 인한 유루증, 백내장 등이 발생할 수 있습니다.
- 귓털이 많고 통풍이 잘되지 않아 외이염 등의 귓병에 걸릴 가능성이 높습니다.
- 소형화 과정에서 관절 관련 유전병이 많이 생겼기 때문에 슬개골 탈구, 대퇴골두 무혈성 괴사, 디스크 질환 등에 주의해야 합니다.
- 노령견의 경우 호르몬계 질환인 부신피질기능항진증(쿠싱증후군)이 발생하기도 합니다.

요크셔테리어 (Yorkshire Terrier)

구분	소형견 / 토이 그룹	성견 표준 체고·체중	체고 21~23cm / 체중 3~3.5kg

산업혁명 시절, 영국 요크셔 주에서 야생동물을 잡던 역할을 했던 개를 소형화시킨 견종입니다.

균형 잡힌 작고 다부진 몸, 까만 코와 뾰족한 귀를 가지고 있으며 꼿꼿이 선 자세가 특징적입니다.

황갈색, 검은색, 은회색 등 다양한 색의 비단 같은 털이 코에서부터 꼬리까지 길게 뻗어 있습니다. 보통 가정에서는 관리를 위해 털을 잘라주거나, 긴 털이 눈을 가리지 않게 하기 위해 눈앞 부분을 묶어 주기도 합니다. 털의 윤기를 유지하려면 관리가 필요하지만 털 빠짐은 적은 편입니다.

항상 생기가 넘치고 활발하며, 표정이 풍부한 편입니다. 애교가 많고 관심받는 것을 좋아하기 때문에 반려인과 근처에 있는 것을 좋아합니다.

작아서 토이 그룹으로 분류되기는 하지만 기본적으로 테리어의 특징을 가지고 있습니다. 이 때문에 다소 고집이 있고 대담하며 겁이 없어 다른 개들을 만나면 짖는 경우도 많기 때문에 평소에 교육이 필요합니다.

주요 질병 정보

- 입이 작은 데 비하여 치아가 꽉 차 있기 때문에 치과 질환에 취약합니다.
  매일 양치질을 해 주고 구강 건강 관리에 신경 써 주세요.
- 슬개골이 제자리에서 튀어나오는 슬개골 탈구, 관절 질환 등에 유의해야 합니다.
  높은 곳에서 뛰어내리는 등 관절에 좋지 않은 행동을 하지 않게 해 주세요.
- 소형견에게 자주 발생하는 기관 허탈 질환에 걸리기 쉽습니다.
  산책이나 외출할 때 목줄 대신 하네스를 사용하는 것이 좋습니다.

 ## 미니어처 닥스훈트 (Miniature Dachshund)

구분	소형견 / 하운드 그룹	성견 표준 체고·체중	체고 18~25cm / 체중 3~5kg

땅속에 살고 있는 오소리(Dachs)를 사냥하기 위해 기르던 개(Hund)로, 땅속으로 깊이 파고 들어갈 수 있는 기다란 허리와 땅바닥에 가까운 짧은 다리가 특징적인 견종입니다.

축 처진 귀와 긴 주둥이와 허리, 그리고 짧은 다리의 귀여운 외모를 하고 있지만 몸에 근육이 있어 단단한 느낌이 듭니다.

털의 색은 단색이나 두 가지 색이 혼합된 경우가 대부분이고 검은색, 갈색, 밝은 갈색 등이 많습니다. 털 길이에 따라 장모종, 단모종, 거친 털을 가진 와이어가 있으며, 반려견으로는 단모종을 가장 많이 키우지만, 공통적으로 털 빠짐이 많아 빗질 등의 관리가 필요합니다.

명랑하고 활발하며 애교가 많고, 장난스러운 성격을 가지고 있습니다. 다만 고집이 센 편이고 경계심이 있기 때문에 무언가를 물거나 짖을 수 있어, 어릴 때부터 훈련해 주어야 합니다. 땅을 파던 사냥 본능이 남아 있기 때문에 굴을 파는 것과 비슷한 노즈워크 놀이를 좋아합니다. 하지만 활동성에 비해 체력이 강하지는 않기 때문에 평지를 걷는 운동이나 수영 등이 적합합니다.

주요 질병 정보

- 전체 몸 대비 허리의 비율이 가장 높기 때문에, 디스크가 탈출하는 추간판 헤르니아가 발생하기 쉽습니다. 관절에 좋지 않은 행동을 자제시키고, 정기적으로 검진을 받아주세요.
- 닥스훈트는 식욕이 강하고 살이 찌기 쉬운 견종이기 때문에, 비만을 조심해야 합니다. 비만이 오면 허리에도 무리가 갈 수 있으므로 적절한 운동과 식이요법으로 관리를 해 주세요.
- 유전적으로 안구가 줄어드는 소안구증이나 백내장, 녹내장이 발생할 수 있습니다.

 ## 시츄 (Shih Tzu)

구분	소형견 / 토이 그룹	성견 표준 체고·체중	체고 22~27cm / 체중 5.4~6.8kg

중국어로 '작은 사자'라는 뜻을 가진 견종으로, 길고 사자 같은 털을 가지고 있습니다.

주둥이가 짧고 코가 납작한 단두종으로 눈이 살짝 튀어나와 있습니다.

촘촘하고 긴 겉 털, 부드러운 속 털의 이중 털로 되어 있어 다소 털 빠짐이 있습니다. 그리고 긴 털이 얼굴을 가려 눈을 찌르거나 앞이 보이지 않을 수 있어, 얼굴 주변의 털은 잘라주거나 고무줄 등으로 묶어주는 것이 좋습니다.

사교적이고 온화하며 애교가 많은 편입니다. 산책할 때도 다른 사람이나 견종을 보고 거의 짖지 않아 초보 반려인에게 추천하는 견종이기도 합니다.

다만, 의사 표현이 확실하고 고집이 있는 편이기 때문에 혼을 내며 훈련하기보다는 칭찬을 통해 훈련해야 합니다.

먹성이 좋아 사료와 간식을 많이 먹거나 사람들이 먹는 음식도 먹다가 각종 질환이나 결석 등이 생길 수 있으니 먹는 것에 주의를 할 필요가 있습니다.

주요 질병 정보

- 눈이 크고 다소 튀어나와 있기 때문에 안구의 상처 및 각막염, 백내장, 망막박리 등 안구질환에 유의해야 합니다.
- 대표적인 단두종이기 때문에 기관 허탈과 같은 호흡기 질환에 걸릴 확률이 높습니다. 너무 과도한 운동은 자제해야 합니다.
- 꽃가루, 먼지, 진드기 같은 알레르기 유발 물질에 민감하기 때문에 피부 건강에 주의하세요.

미니어처 슈나우저 (Miniature Schnauzer)

구분	중형견 / 테리어 그룹	성견 표준 체고·체중	체고 30~36cm / 체중 6~7kg

외모의 트레이드마크인 '콧수염'의 독일어 'Schnauz'에서 이름이 유래한 견종입니다.

크기에 따라 자이언트, 스탠더드, 미니어처 슈나우저로 구분되는데, 우리나라에서는 미니어처 슈나우저를 가장 선호하는 편입니다.

코와 입 주변에 풍성한 흰 수염이 나 있는 것이 특징이며, 눈썹과 다리 쪽에도 장식 털로 덮여 있습니다. 털 색깔은 보통 잿빛, 검은색, 흰색 등으로 뻣뻣하고 거친 털이 빽빽하게 나지만 털 빠짐은 적습니다. 미용에 따라 다양하게 스타일링이 가능합니다.

명랑하고 사교적인 성격으로 아무에게나 마음을 잘 열며 적응을 잘 하는 편이지만, 고집이 있고 잘 짖기 때문에 조기에 훈련해 주는 것이 좋습니다.

원래 농장에서 해로운 동물을 잡는 역할을 했던 터라 사냥 본능을 가지고 있어, 작은 동물이 주변에 있는 경우 주의시켜야 합니다. 또한 활동성이 높기 때문에 주기적으로 산책과 운동을 해 주어야 하는데, 공놀이나 물체를 쫓는 등의 운동을 좋아합니다.

주요 질병 정보

- 노령견에게 간혹 선천성 백내장 질환 등이 발병할 수 있습니다.
- 중성화를 하고 난 후, 비만이 오는 경우가 있습니다.
  걷기, 달리기, 놀기 등을 적절히 조합한 활동으로 에너지 소비뿐 아니라 정신적으로도 만족할 수 있도록 해 주세요.
- 유전적인 영향으로 소변량이 적고, 소변 내 칼슘 농축도가 높아 요로 결석에 걸릴 확률이 높습니다.
  적정량의 물을 꾸준히 섭취하여 칼슘 농도를 희석할 수 있도록 해 주세요.

 퍼그 (Pug)

구분	소형견 / 토이 그룹	성견 표준 체고·체중	체고 25~28cm / 체중 6~8.5kg

중국에서 유래하여 동인도 회사의 무역을 통해 유럽으로 유입되어 사랑받은 견종으로 알려져 있습니다.

작지만 아주 다부진 체형을 가지고 있고, 이마에 주름이 선명하게 나타나며 까맣고 납작한 코와 주둥이를 가지고 있습니다.

털색은 은색, 살구색, 황갈색, 검은색 등이 있으며, 뒷머리부터 꼬리까지 검은색 선 모양의 무늬가 나타납니다. 부드럽고 매끄러운 짧은 털을 가진 단모종이지만 털 빠짐이 상당하기 때문에 살이 촘촘한 빗으로 자주 빗겨주는 것이 좋습니다.

개성 넘치는 외모에 비해 차분하고 온순한 성격을 가지고 있습니다. 표정이 다양한 편이고 친화력이 좋아 누구와도 어울리기 쉽고, 공격성이 적어 잘 짖지 않는 편입니다. 하지만 장난기가 있고 다소 고집이 있기 때문에 꾸준하게 훈련해 주는 것이 좋습니다. 운동량이 그렇게 많지는 않기 때문에 하루 30분 정도의 가벼운 산책을 해 주면 됩니다.

주요 질병 정보

- 단두종의 개에게 나타나기 쉬운 단두 증후군에 주의해야 합니다.
  납작한 코와 주둥이 때문에 호흡 곤란 증상이 올 수 있기 때문에 덥고 습한 날씨가 격렬한 운동을 피해주세요.
- 식탐이 많은 편이지만 과도한 운동이 어렵기 때문에, 비만에 유의하여야 합니다.
- 백내장, 안구 탈출, 속눈썹 이상, 색소 각막병증 등 단두종의 개에게 나타날 수 있는 안구 질환 증상들이 발생할 수 있습니다. 평소에 눈 상태를 잘 확인해 주고, 정기적으로 검진을 받아주세요.

시바견 (Shiba Inu)

구분	중형견 / 논 스포팅 그룹	성견 표준 체고·체중	체고 약 36~40cm / 체중 9~14kg

오래전부터 일본에서 살았던 토착견으로 산악지대에 살면서 작은 동물이나 조류를 사냥하던 개입니다.

기본적으로 뼈가 튼튼하고 균형이 잘 잡힌 몸을 가지고 있으며, 통통한 볼과 눈 위의 흰 털이 트레이드마크입니다.

털 색깔은 붉은색, 황갈색, 검은색 등 다양한데, 볼, 턱 아래, 목, 가슴, 다리 안쪽 등에 흰 털이 나는 것이 특징입니다. 겉 털과 속 털 이중 털로 되어 있어 털 빠짐이 많으며, 1년에 2번 털갈이를 합니다.

일반적인 개의 특성보다는 고양이의 성격과 조금 더 비슷하여 독립적이고 민첩하며, 다소 예민한 성격을 가지고 있습니다. 의지가 강하고 영리하며 자신감이 넘치기 때문에, 잘 키우기 위해서는 훈련과 사회화 교육이 중요합니다.

올바른 훈련을 받은 시바견은 반려인에게 충성스럽고 복종을 잘 하는 편입니다. 혼자 오래 두면 분리 불안 증상이 나타날 수 있으며, 활동적이고 장난을 좋아하기 때문에 매일 산책과 놀이를 해 주는 것이 좋습니다.

주요 질병 정보

- 음식물이나 이물질 흡입, 접촉성으로 인한 알레르기에 취약할 수 있습니다.
  가려움증, 발적 등의 증상이 보이면 신속하게 동물병원에서 진료받도록 해 주세요.
- 유전성 질병으로 고관절 이형성증이 발생하는 경우가 많습니다.
  평소 다리에 통증이 있는지 체크하고, 정기 검진을 통해 확인하도록 합시다.
- 평소 걸을 때 절뚝거리거나 움직이는 모습에 이상이 있다면 슬개골 탈구 증상일 수 있으니 주의해야 합니다.

프렌치 불독 (French Bulldog)

구분	중형견 / 논 스포팅 그룹	성견 표준 체고·체중	체고 25~32cm / 체중 10~13kg

투견으로 길러졌던 불독이 소형화되어 나타난 견종으로, 프랑스 왕족과 귀족들 사이에서 널리 사랑받던 반려견입니다.

체구는 작고 짧은 편이지만 근밀도가 높아 다부져서 보기에 비해 체중이 많이 나갑니다. 쫑긋 서 있는 귀와 단두종의 특징인 들창코를 가지고 있으며, 꼬리는 태생적으로 짧습니다.

털의 색깔은 연한 황갈색이나 얼룩무늬, 흰색 반점 등으로 나타나며, 부드럽고 윤기가 나는 짧은 털의 단모종인 데 비하여 털 빠짐이 심한 편입니다.

평소에 진지하고 심술 맞은 표정을 하고 있지만, 사실은 명랑하고 활발한 반려견입니다. 장난기가 많기 때문에 가끔 말을 듣지 않기도 하므로 어느 정도 훈련이나 교육은 필요합니다. 새로운 환경에 잘 적응하기 때문에 처음 반려견을 키우는 사람에게 적합합니다. 체력이 좋고 활발하지만 덥고 습한 날씨에 너무 심한 운동을 하게 되면 호흡 곤란이 올 수 있고, 몸의 앞쪽이 무거워 수영은 잘하지 못하니 주의해야 합니다.

주요 질병 정보

- 코 주위 주름 사이에 이물질이 끼어 염증이나 피부 질환이 생기지 않도록 관리해 주세요.
- 코와 입이 납작한 단두종이기 때문에 단두 증후군을 겪을 수 있습니다.
  날씨가 너무 덥거나 추운 경우, 혹은 운동을 심하게 한 경우 호흡 곤란이 발생할 수 있으니 주의해 주세요.
- 살이 쉽게 찌기 때문에 비만의 위험이 있어 체중 관리가 필요합니다.
- 눈물샘이 외부로 돌출되어 주변이 빨갛게 변하는 체리 아이 증상이 나타날 수 있습니다.
  눈 상태를 규칙적으로 확인해 주고, 증상이 보이면 병원에 방문하여 진료받도록 해 주세요.

웰시 코기 (Welsh Corgi)

| 구분 | 중형견 / 허딩 그룹 | 성견 표준 체고·체중 | 체고 약 25~30.5cm / 체중 11~13kg |

원래 소나 양을 무리로 돌아가게 하는 목축견이었기 때문에 반려인에게 복종적이면서도 사교적인 견종입니다.

꼬리털이 긴 '카디건', 꼬리털이 짧은 '펨브로크' 두 종류가 있으며, 활달하고 외향적인 펨브로크를 많이 키우는 것으로 알려져 있습니다.

탄탄하고 다부진 체형이지만, 긴 허리에 비해 다리가 통통하고 짧아 걸어가는 뒷모습이 귀여운 것으로 알려져 있습니다.

털은 황갈색, 베이지색, 검은색 등이 많으며, 다리, 목, 입 주위, 가슴에 흰색 털이 있는 것이 특징입니다. 털 빠짐이 심하기 때문에 관리가 필요합니다.

다정하고 명랑한 것에 비해, 느긋한 성격을 가지고 있습니다. 다만 경계심이 많아 다른 개를 보면 짖는 경우가 있어 훈련을 해 주는 것이 좋습니다.

다리는 짧지만 튼튼하고 운동을 좋아하여 다른 견종보다 더 많은 운동과 자극이 필요합니다. 따라서 함께 운동을 즐길 수 있는 반려인에게 적합합니다. 무언가를 쫓거나 무는 본능이 있기 때문에 공놀이와 원반던지기 등을 좋아합니다.

주요 질병 정보

- 산책이나 운동 등의 실외 활동이 부족할 경우 비만이 올 수 있습니다.
  특히 다리가 짧기 때문에 비만이 되면 배를 땅에 끌고 다닐 수도 있습니다.
  하지만 운동량을 높여준다고 무리한 운동을 시키게 되면 관절 질환이 생길 수도 있기 때문에 주의해야 합니다.
- 허리가 길고, 다리가 짧은 견종이기 때문에, 목과 허리의 추간판 헤르니아(디스크) 질환에 걸릴 확률이 높습니다.
- 이외에 유전적으로 간질성 발작이나 요로결석, 녹내장 등의 질병이 발생할 수 있습니다.

코커스패니얼 (Cocker Spaniel)

구분	중형견 / 스포팅 그룹	성견 표준 체고·체중	체고 38~40cm / 체중 13~15kg

코커스패니얼은 작은 새를 사냥하던 조렵견으로, 스포팅 그룹 중 가장 작은 부류에 속하는 품종입니다.

체구는 작지만 몸이 단단한 편이며, 동그란 머리와 길게 늘어진 귀가 특징입니다. 배와 다리에는 바닥에 닿을 만큼 길고 부드러운 털이 나 있어 여러 가지 스타일링이 가능합니다.

털 색깔은 갈색, 황금색, 검은색, 적갈색 등이 나타나며 2-3가지 색이 섞인 경우도 있습니다. 털 빠짐이 아주 심하지는 않지만, 털 길이가 긴 편이기 때문에 자주 빗겨 주어야 엉키지 않습니다.

기본적으로 사교적이고 명랑하며 활발한 성격을 가지고 있습니다. 친화력이 좋아 사람들과 잘 어울리고, 낙천적인 편입니다. 다소 주의가 산만하고 고집이 있을 수 있어 어릴 때부터 훈련해 주는 것이 좋습니다. 활동성이 아주 높기 때문에, 산책과 운동을 자주 해 주어야 합니다. 수렵견의 본능을 가지고 있어 무언가를 되찾아 오는 욕구가 있기 때문에 물건 가져오기 놀이를 해 주면 좋습니다.

주요 질병 정보

- 귀가 긴 털로 덮여있고 축 처져있기 때문에 감염성 질환 등 귓병에 걸리기 쉽습니다.
  평소에 자주 귓속을 확인하고, 외이도를 깨끗이 닦아주세요. 주기적인 병원 검진도 필요합니다.
- 유전적으로 백내장, 녹내장, 진행성 망막 위축증 등이 발병할 확률이 높은 품종입니다.
  평소에 반려견의 눈 상태를 잘 확인하여 눈빛이 불투명해지거나 아파하는 등 문제가 있을 시 빠르게 치료나 수술을 받을 수 있게 해 주세요.
- 식탐이 있기 때문에 비만이 되지 않도록 주의해 주어야 합니다.

비글 (Beagle)

구분	중형견 / 하운드 그룹	성견 표준 체고·체중	체고 33~38cm / 체중 10~16kg

작은 사냥감을 추적하던 수렵견 품종으로, 후각이 뛰어나기 때문에 현재는 마약이나 밀수품 탐지견으로 활약하기도 합니다.

체구는 작은 편이지만 야무지고 단단한 근육질로 이루어져 있으며 커다랗고 둥근 귀가 길게 늘어져 있는 것이 특징입니다.

털의 색깔은 검은색, 황갈색, 흰색 등이 섞인 3색이 제일 많으며, 이 외에도 다양한 색이 있습니다. 털이 짧은 단모종이지만, 털갈이 시기뿐 아니라 평소에도 꾸준하게 털이 빠지기 때문에 관리를 잘해 주어야 합니다.

기본적으로 활발하고 영리하며 온순한 성격을 가지고 있습니다. 하지만 호기심이 많고 넘치는 에너지를 주체하지 못하여 집안을 어지럽히거나 물건들을 물어뜯기도 합니다. 이러한 성격 때문에 견종 중 가장 말썽꾸러기로 알려졌지만, 귀엽고 사랑스러운 반려견입니다. 체력과 지구력이 좋으며 크기에 비해 상당히 많은 활동량이 필요하기 때문에, 운동이 부족하면 스트레스를 받을 수 있습니다. 매일 1시간 정도 산책과 운동을 해 주어야 합니다.

주요 질병 정보

- 백내장이나 녹내장이나 체리 아이 같은 유전적인 안구 질환이 생길 수 있습니다.
- 크고 둥근 귀가 아래로 늘어져 있기 때문에 통풍이 잘되지 않아 귓병이 생길 수 있습니다.
  평소에 귀를 들어 통풍을 시켜주고, 귓속 상태를 자주 확인해 주세요.
- 식탐이 많아 주는 대로 먹기 때문에, 비만에 신경을 써야 합니다.
- 활동량이 많기 때문에 자칫 잘못하면 관절 질환에 걸릴 수 있습니다.
  반려견이 평소와 다른 움직임을 보인다면 즉시 동물병원에 가서 진료를 받아보도록 하세요.

진돗개 (Jindo Dog)

구분	중형견 / 논 스포팅 그룹
성견 표준 체고·체중	체고 45~53cm / 체중 15~20kg

진돗개는 전라남도 진도군에서 유래한 우리나라의 대표적인 품종으로, 천연기념물 53호로 지정되어 있습니다.

꼿꼿하게 선 귀와 낫 모양으로 말린 꼬리, 그리고 체구에 비하여 긴 다리를 가지고 있습니다. 주로 백구(흰색), 황구(황색)가 가장 많으며, 흑구(검은색)나 재구(잿빛)도 있습니다. 얼굴 쪽에는 부드러운 털이 빽빽하게 나 있고, 등 쪽은 좀 더 굵고 길며, 꼬리 쪽 털은 약간 긴 특징을 가지고 있습니다. 털은 짧지만 이중 털이어서 털 빠짐이 다소 있는 편입니다.

진돗개는 민첩하고 대담할 뿐 아니라 용맹스러우며, 근성과 경계심이 강한 것으로 알려져 있습니다. 반면 반려인에 대한 충성심과 복종심이 매우 강하기 때문에, 어릴 때 처음 애착을 가졌던 반려인을 가장 많이 따르는 편입니다. 따라서 다 큰 성견을 데려왔을 경우, 가출하는 경우가 종종 있으니 주의해야 합니다. 활동량이 많기 때문에 자주 산책하러 나가서 스트레스를 해소해 주는 것이 좋습니다.

주요 질병 정보

- 외부에서 생활하는 경우가 많아서 알레르기가 발생하기도 하고, 모기에 쏘여 심장사상충이 생길 수도 있습니다.
  염증 확인 및 심장사상충 예방을 꾸준히 해 주어야 합니다.
- 배에 가스가 차서 위장이 꼬이고 정맥을 쥐어짜 혈액 순환을 방해하는 위확장염전에 걸릴 수 있습니다.
  식탐 때문에 급하게 식사하는 경우에도 발생할 수 있으니 주의해 주세요.
- 소형견뿐 아니라 대형견에서도 흔히 발생하는 고관절 이형성증이 발생할 수 있습니다.
  비만이 오지 않도록 꾸준히 운동을 통해 관리해 주세요.

보더콜리 (Border Collie)

구분	대형견 / 허딩 그룹	성견 표준 체고·체중	체고 약 48~53cm / 체중 18~23kg

보더콜리는 원래 양치기를 하던 목양견으로, 가장 영리하고 똑똑한 개로 평가받는 품종입니다.

단단한 골격으로 이루어진 균형 잡힌 몸매를 가지고 있으며, 명랑해 보이는 표정의 얼굴과 함께 귀는 반만 쫑긋 서 있는 특징이 있습니다. 털의 길이에 따라 모근이 짧은 '스무스 콜리', 구불구불한 긴 털이 나 있는 '러프 콜리' 두 종류로 구분됩니다. 길고 풍성한 겉 털과 짧고 부드러운 속 털의 이중 털로 구성되어 털 빠짐이 심하기 때문에 관리를 자주 해주어야 합니다.

활기가 넘치고 다정하며 적극적인 성격을 가지고 있습니다. 경계심이 많지만, 반려인을 잘 따르고 복종하는 편입니다. 체력이 좋아 매우 많은 운동량이 필요하기 때문에, 자주 운동과 산책을 시켜줄 수 있는 반려인에게 적합합니다. 특히 선천적인 특징에 따라 작업 의욕이 높기 때문에, 할 일을 맡긴다는 느낌으로 지능과 신체를 모두 사용할 수 있는 운동을 시켜주는 것이 좋습니다.

주요 질병 정보

- 대형견의 유전적인 특징과 함께 격렬한 운동, 급격한 체중 증가 등으로 인한 고관절 이형성증이 발생할 수 있습니다. 움직일 때 이상 증상이 보인다면 검사를 해 주세요.
- 망막에 문제가 생겨 시신경 결손이나 녹내장으로 이어질 수 있기 때문에, 주기적으로 안구 검사를 해 주세요.
- 6개월 정도의 어린 강아지 시절부터 경련을 하거나 의식을 잃는 간질 증상을 보이기도 합니다. 발작을 하면 바로 병원에 데려가도록 해 주세요.

시베리안 허스키 (Siberian Husky)

구분	대형견 / 워킹 그룹	성견 표준 체고·체중	체고 50~60cm / 체중 16~27kg

추운 시베리아 지역에서 유목민들의 썰매를 끌던 개로, 늑대와 가장 비슷하게 생긴 견종입니다.

다부진 체형에 풍성하게 난 털, 쫑긋 서 있는 귀가 특징입니다. 아몬드 모양의 눈은 푸른색이나 갈색이 많으며, 양쪽 눈 색깔이 다른 오드 아이도 있어 신비한 느낌을 줍니다. 털색은 검은색부터 흰색까지 다양하며, 머리 쪽에 고유의 무늬가 나타나는 경우가 많습니다. 털이 촘촘하게 나 있으며 이중 털로 되어 있기 때문에 털 빠짐이 심합니다. 빗질을 자주 해주고, 특히 여름에는 통풍이 잘되도록 관리를 해주어야 합니다.

커다란 체구나 무서워 보이는 생김새와는 달리 사교적이고 온화한 기질을 가지고 있으며 잘 짖지 않습니다. 따라서 훈련과 사회화를 잘 거치면 반려견으로 키우기에 좋습니다. 다만 활동성이 높기 때문에 운동량이 부족하면 스트레스를 받을 수 있으니, 함께 산책이나 운동을 하며 실외 활동을 자주 해 주는 것이 필수적입니다.

주요 질병 정보

- 눈 색이 푸른 빛인 경우, 색소 세포가 부족하여 나타나는 '루시즘'이라는 유전적인 돌연변이 증상입니다. 따라서 백내장, 녹내장 등의 안과 질환이 발생할 확률이 높습니다. 장시간 햇빛에 노출되는 것을 주의해 주세요.
- 고관절에 과부하가 걸리는 고관절 이형성증이 나타날 수 있습니다. 체중 증가에 유의해 주세요.
- 외부에서 자외선에 지나치게 노출되는 경우, 피부염이나 피부 종양 등이 생길 수 있으니 주의해야 합니다.

골든리트리버 (Golden Retriever)

구분	대형견 / 스포팅 그룹	성견 표준 체고·체중	체고 51~61cm / 체중 27~36kg

골든 리트리버는 사냥꾼의 총에 맞아서 떨어진 사냥감을 회수해 오는 역할을 하던 견종으로, '회수'를 뜻하는 단어 'Retrieve'에서 그 이름이 유래하였습니다.

황금색으로 빛나는 털과 탄탄한 몸이 특징이며, 물이 잘 스며들지 않는 겉 털과 촘촘한 속 털로 이루어져 털이 비교적 잘 빠지는 편입니다. 따라서 털 관리를 부지런히 해 주어야 합니다.

성격은 순하고 애교가 많으며, 늘 행복 에너지가 넘치는 편입니다. 지능이 높은 편이고 충성심이 강해 사람을 잘 따르기 때문에, 시각장애인 안내견이나 구조견, 마약 탐지견 역할을 수행하기도 합니다. 어릴 때는 장난을 많이 치기도 하지만, 반려인에게 으르렁거리는 경우는 거의 없어 많은 반려인들에게 사랑을 받는 견종입니다.

다만, 사냥을 했던 습관이 남아있어 활동성이 높기 때문에 규칙적으로 산책과 운동을 해주지 않으면 스트레스를 받을 수 있습니다. 특히 '되찾아 오는 개'라는 뜻을 가진 견종의 특징상 물어오기 놀이, 수영 등을 좋아합니다.

주요 질병 정보

- 귀가 아래로 처져 있어 외이염, 내이염 등의 귓병에 취약할 수 있습니다.
- 성격이 얌전하고 식탐이 있기 때문에 비만의 위험이 큽니다.
  비만은 관절 질환으로도 연결될 수 있으니, 규칙적인 운동과 식이요법이 필요합니다.
- 나이를 먹게 되면 몸 곳곳에 종양이 생길 수 있습니다. 림프종, 혈관육종, 비만세포종양 등 암에도 취약한 편입니다.
  털이 길어 파악하기 어려우니 평소에 꼼꼼히 살펴보는 습관을 들이고, 주기적으로 검진을 해 주세요.

도베르만핀셔 (Doberman Pinscher)

구분	대형견 / 워킹 그룹	성견 표준 체고·체중	체고 65~70cm / 체중 30~40kg

독일에서 유래한 품종으로, 주로 신변 보호를 하거나 침입자를 찾아내는 경비견, 경찰견의 역할을 하였습니다.

몸의 윤곽은 우아하고 귀족적인 느낌을 풍기지만, 힘이 좋고 근육이 잘 발달하였으며 단호한 표정이 특징입니다. 다리는 일직선으로 곧게 뻗어 있고, 관절과 뼈가 튼튼한 편입니다.

털 색깔은 검은색, 혹은 적갈색 등이 많으며, 입 주위, 볼, 목, 발목, 허벅지 안쪽, 꼬리 아랫부분 등에 황갈색의 무늬가 나타납니다. 짧고 탄탄한 털이 피부에 밀착하여 나는데, 털이 빽빽하게 나기 때문에 털 빠짐이 다소 있습니다.

경비견의 특성을 물려받아 반려인과 가족을 지키려는 성향을 보이기 때문에, 헌신적이고 충직합니다. 다만, 체구가 큰 편이고 공격성을 가지고 있기 때문에 훈련과 사회화가 중요합니다. 대담하면서도 침착하기 때문에 주변에서 일어나는 일에 세심하게 반응하는 편이며, 활동성이 높아 규칙적인 산책과 운동은 필수입니다.

주요 질병 정보

- 심장 근육이 약해지며 심장의 수축 능력이 감소하여, 확장성 심근병증에 걸릴 수 있습니다.
  이는 심부전, 부정맥 등과 합병증을 유발할 수 있으므로 정기적인 검진이 필요합니다.
- 척수와 목 신경에 압박이 가해져 디스크가 탈출하는 워블러 증후군에 걸릴 수 있습니다.
  걷는 모습이 이상하거나, 목이 경직되고 다리가 붓는 증상이 나타나면 꼭 검진을 받아주세요.
- 혈액 응고에 필요한 당단백질이 결핍되어 출혈 증상을 보이는 폰 빌레 브란트 중후군의 위험이 있습니다.
  이 질환에 걸리면 꾸준히 관리해 주어야 합니다.

믹스견

| 구분 | 부모 견종에 따라 달라짐 | 성견 표준 체고·체중 | 부모 견종에 따라 달라짐 |

믹스견은 단어 그대로 서로 다른 견종이 교배하여 낳은 견종을 의미합니다. 부모견 견종 각각의 특성이 골고루 나타나거나, 한쪽의 특성이 강하게 나타나기도 합니다. 대부분 부모견이 가진 단점이나 취약점이 사라지고, 건강이나 체력적인 면에서 더욱 튼튼해지는 경우가 많습니다.

성격적인 부분에서도 부모견의 특징이 반씩 섞이는 경우가 많으나, 견종별로 나타나는 특징적인 성격이 순종보다는 조금 더 약하게 나타납니다.

믹스견의 경우 부모견이 어떤 견종이었는지 확인하고, 같은 견종의 성격이나 특징에 대해 파악하여 관리해 주도록 합니다. 부모도 믹스견이거나 견종을 파악하기 어려운 경우, 외형적인 특성이 가장 비슷한 견종을 찾아 케어하여 주는 것이 좋습니다.

 주요 질병 정보

- 믹스견의 경우 순종에 비하여 튼튼한 편이지만, 부모 견종 중 더 많이 발현된 견종의 특징, 혹은 외형적인 특성이 비슷한 견종의 취약 질병을 찾아보고 대비하는 것이 좋습니다.

RECOMMENDATION

하나카동물병원 | 정인수 원장님

시간이 지날수록 반려견과 일상을 함께하시는 분들, 또 함께하고자 하시는 분들이 늘어나고 있는 요즘입니다. 이러한 분들께 부담 없이 쉽게 읽을 수 있는 책으로 적극 추천해 드리고 싶습니다.

반려견 전문 기업 (주)독스앤캣츠 | 곽범준 대표님

한때는 애완견이라고 불렀지만, 이제는 반려견이라고 부릅니다. 장난감이 아닌 인생의 동반자로서 함께 살아간다는 의미입니다. 반려견과 함께 행복하게 살기 위한 기본적인 내용을 이 책을 통해 배울 수 있기를 바랍니다.

허동물병원 | 허우필 원장님

요즘 같은 힘겨운 세상에서 반려동물은 정말 많은 사람들에게 행복을 주는 것 같습니다. 이러한 반려동물에 대해 한번 더 배우고 생각하는 마음으로 열심히 읽으며 감수하였습니다. 더하지도 덜하지도 않은 단정한 내용이 반려인 뿐만 아니라 비반려인에게도 많은 도움이 될 것 같습니다.

사단법인 펫사료협회 | 김상덕 협회장님

개는 자신보다 당신을 더 사랑하는 이 세상 유일한 생명체입니다
우리의 일상에 행복을 더해주는 소중한 가족인 반려견과의 시간을 더욱 풍요롭게 만들어 줄 책으로 추천해 드립니다.

SPECIAL THANKS TO

강 선	고범수	곽범준	권원석	김강현	김루아	김상덕	김수영
김 숙	김영모	김일호	김정훈	김태형	김평일	문윤희	박지현
백종민	설현욱	안세희	유현철	이승무	이승희	이준일	장세봉
전홍익	정인수	조여환	주왕석	최재광	허우필	황금순	BRUNO

언제나 행복하개

초판 1쇄 발행 2023년 11월 22일

발행인 전혜영 | **기획** 전혜영, 조윤성 | **편집** 조윤성, 채희선 | **일러스트** 최지예 | **마케팅** 반준형
발행처 우주스토리 | **등록번호** 제2023-000340호 | **홈페이지** www.woozoolab.com
주소 (주)우주랩 서울시 강남구 강남대로84길 24-4, 2층 엘에스41 | **ISBN** 979-11-985217-0-5
ⓒWooZoolab 2023 All rights reserved.

본 책은 저작권법에 의해 보호를 받는 저작물이므로 무단 전재와 복제를 금합니다.
본 콘텐츠는 한국콘텐츠진흥원의 '2023 신규 캐릭터 IP 개발 지원사업'을 통해 제작되었습니다.

디디스토리
공식 인스타그램